思考

技能教學 的

100 個點子

Stephen Bowkett 著

賴麗珍 譯

100 IDEAS

FOR TEACHING
THINKING SKILLS

Stephen Bowkett

Translated from 100 Ideas for Teaching Thinking Skills, by Stephen Bowkett, originally published by Continuum International Publishing Group. Copyright © 2006 by Stephen Bowkett. Translated into and published by arrangement with The Continuum International Publishing Group.

Copyright © 2007 by Psychological Publishing Co., Ltd.

❧ 目錄 ❧

第一篇　建立思考的環境

第二篇　思考遊戲的工具

第三篇　整體應用

※ 作者簡介 ※

　　Stephen Bowkett 曾在英國列斯特郡（Leicestershire）的幾所高中服務長達十八年，目前是全職的作家和訓練師。

✿ 譯者簡介 ✿

　　賴麗珍，美國威斯康辛大學麥迪遜校區教育博士，主修成人暨繼續教育，曾任職於台北市教育局、台灣師範大學圖書館（組員）及輔仁大學師資培育中心（副教授）。研究興趣為學習與教學、教師發展及創造力應用。譯有《教師評鑑方法》、《教學生做摘要》、《有效的班級經營》、《班級經營實用手冊》、《增進學生的學習動機──150 種策略》等書（心理出版）。

❦ 引言 ❦

　　各種想法整天不斷流過我們的心智，而我們往往未加以注意。即使當我們的確注意到心想之事，我們可能把這樣的心智產物視為理所當然；噢！或者大部分忘掉，未曾考慮過如何使用這些想法來創造個人的最大福祉。然而，正是這項知覺自我的知覺（be aware of our own awareness）能力，使人類的思考（就我們能辨別的程度而言）有別於其餘會思考的生物之心智運作過程。

　　思考技能教育法的本質是教導這些技能會增進學習者的注意力、理解力，以及使學生能更有效運用腦中產生的想法。當學生習慣使用其令人驚奇的「心智工具庫」（mental toolbox）之後，他們會增進極度不同類別、內涵，以及極度不同效果的思考，並且更充分享受思考的樂趣。本書接下來的內容是一些建議、一些技術、一些策略，你將發現這些內容有助於增進學生的思考能力。

建立思考的環境

自從人類開始思考以來，這個問題就不斷引起無數人們的好奇和困惑，也許思考最簡單的定義是，發生在我們腦內和腦外的活動。而其中一種解釋則是，思考只是大腦電化學作用的結果，此作用使大腦器官繼續生存並且得以豐富人類的世界。這個相當物化的觀點可能一直很正確——然而它並未考慮到人類想法的驚人範圍，並未考慮到意識的真相，以及我們欣賞美好事物的能力等等。此外，有些人主張，大腦的「機制」（machinery）只是吾人心智（或人格、靈性）表達自己的生理方式。「什麼是思考」，猶未獲得解答。

顯然，就廣義而言，我們所做的心智運思的確能幫助我們理解世界，如同 Marshall McLuhan 所言，我們是「創造意義的生物」（meaning making creatures），對於求知與理解有深切的需求。此外，這項需求可歸結到生存的基本事實，或者可以這樣說：思考的本質和力量係屬更大情境的一部分，能引領我們邁向鮮少夢想到的理解程度和成就水準。

有誰知道？據說人類的大腦是已知宇宙中最複雜的器官——複雜到科學才開始對其神秘面貌理出頭緒而已。此外，更哲學性的問題是，如此複雜的大腦是否能夠全盤理解其自身。

活動

鼓勵學生花幾分鐘時間純粹安靜地坐著，並要他們注意自己心中浮掠而過的想法。接著，要求學生記錄他們觀察到的想法類型。

為了進行完整的思考，我們會利用兩種基本的能力——記憶力和想像力。在一生當中我們會吸收無量的資訊，而英文的「資訊」二字宜讀作「in-formation」，意指進入頭腦的訊息會持續形成更大的意義和理解。

「In-forming」的重點在於，對世界的樣貌及個體如何適應世界，創造出像藍圖、地圖之類的結構。當然，所謂「實相地圖」（map of reality）並不是真實之物，而是我們根據自己的獨特經驗所形成的主觀印象。透過各種方式——科學、數學等等——我們對於何謂真實的事物，可以達成共識和一致的看法。大體上，這種過程對我們很有用，但是在個人的層次上——引用作家 Anais Nin 的話，「我們不是以世界的原本樣貌看世界，而是以我們的角色來看世界。」

我們腦海中的地圖是我們的記憶，記憶不同於回想，回想相當於我們用來取得記憶地圖的策略。

另一項重要能力是想像力，我們所擁有的這項能力，能讓我們在心智上從事超越當下的活動。利用記憶地圖和經驗，可以建構出超越目前情境的事物，換言之，我們可以對尚未存在的事物產生想法——「心智形式」的想法，而這就是人類想像力的力量。

活動

要求學生回想最近發生的一些例常事件，然後思考對哪些事件有深刻的記憶？這些事件的印象有多深刻（什麼原因使其難以忘懷）？接著，鼓勵學生運用想像力刻意改變記得的印象，例如，如果學生記得的是下雨天，就把雨天變成晴天。使學生開始練習以更微小的細節刻意變更記憶。

IDEA 3

身心聯結：思考、情緒，以及生理反應是相關的

許多人相信身體與心智基本上是聯結的，而這是除了靈魂與自我，以及我們的「本體」（essence）是否死後猶存的深遠議題之外，也很重要的信念。另外，為了實用的目的，我們可以認為思考與情緒、動作行為以及其過程是聯結的，心智產生的想法會影響身體的作用，反之亦然。

這個想法的直接有效意涵是，透過學習有效思考，我們也能發展出情緒機智（emotional resourcefulness）和應對生活情況的方法。換言之，我們會提高反應的能力，而這正是所謂的「反應能力」。

活動

要學生回想，一件有趣的經驗並且注意自己的情緒反應。如果適當，宜鼓勵學生回想曾引起不同情緒反應的經驗。要學生注意，哪些記憶中的細節產生的影響最大，例如，記憶的內容是彩色的嗎？是親身經驗嗎？等等。

　　儘管存在著導致大腦心智麻木的複雜狀況，以及對心態、自我、思考與現實等欠缺徹底了解的問題，為了建立健全的、有用的思考環境，我們可能要謹記以下少數簡單的原則：

1. 利用記憶力和想像力這兩項重要能力來思考。
2. 身心是聯結的，想法與身體相互影響彼此。

　　上述兩原則我們已經談過，而另一項有用的概念則是：

　　心智分為有意識的部分和潛意識的部分。

　　有意識的想法是指當我們思考時能知道自己正在思考的想法，以及基於能夠考慮的理由而產生的想法，例如，請想像自己下一餐吃什麼，這時你知道自己正想著下一餐要吃什麼，以及這樣想的原因（因為我正好提示你注意這個想法）。同樣地，透過意願表示的行為，你可以改變下列想法：「我原想要去吃個漢堡，但是現在我想吃個三明治，因為三明治比較有益健康。」

　　你已經運用想像力（使用你的實相地圖之資訊）來創造一個並不存在的事物之情境，而此一有意識的覺知發生於所謂的「認知空間」（cognitive space）。認知空間就像心智的舞台，其間我們的「思考課題」（thinking agenda）被放在舞台前面公開呈現。我們在認知空間所使用的思考工具是推理、分析、邏輯思考——這些都被稱為「批判」思考的技能。

　　不過，這些只是思考工具庫中的部分工具，我們也可以在心智的潛意識部分處理資訊。使用「潛意識」一詞時，我並未暗示潛意識的部分遜於有意識的部分或比較缺乏智慧，兩者只是運作的方式不同而已。

　　潛意識的思考是幕後的，是有意識的覺知範圍之外的思考運作。因此，夜裡所做的夢，以及在白天裡似乎突如其來的想

法和點子，都是潛意識心智作用的實例。

活動

要求學生思考他們如何回想資訊：是否要很費力嘗試才能記得？他們是否「放棄」回想以等待記憶浮現？要學生開始發展對某項資訊有「明確意圖」的策略，以留意記憶在何時浮現。

爭論心智有哪些特徵對應大腦的結構，顯然會簡化議題，而且可能對本書探討的目的沒有很大幫助。然而，若考慮有意識的和潛意識的思考各代表了大腦左半球和右半球的新皮質活動——新皮質是大腦最新發展的部分，會是有用的。這些部分或特徵被稱為邏輯腦和藝術腦。

邏輯腦的有意識思考是：

1. 分類的——喜好以框格的方式思考。
2. 反思的——以自我覺知來回顧。
3. 熟慮的——會考慮下一個步驟。
4. 線性的或順序的——一點一點地處理。
5. 口語的——使用線性的或順序的溝通方法。
6. 原貌的——傾向以事物的原本面貌來理解。
7. 解構的或分析的——分解事物以獲得理解。
8. 集中注意的——我們一次只專注在少數的事物上。
9. 自我中心的——我們會有意識地建構當下的自我意識。
10. 費力的——試著得到結果。

藝術腦的潛意識過程則是：

1. 無拘束的——使用整個「實相地圖」來理解。
2. 隨心所欲的——使用所有吸收的資料以發展理解。
3. 直覺的——使用「非邏輯的躍進」（illogical leaps）來獲得新的意義。
4. 全局的或聯結的——處理生活中「一下子都匯聚」的事物。
5. 非口語的——以整個人來溝通。
6. 隱喻的或象徵的——傾向於意識到許多層面的意義。
7. 重構的——喜歡建構和綜合事物以達到理解。
8. 注意層面廣——不斷處理大量的資訊。

9. 多焦點的——透過生活創造出豐富而多層次的自我意識。
10. 不費力的——結果的產生不必透過有意識的努力。

　　有效思考意指，視擬解決的任務而定，從整個工具庫中選用正確的工具。

活動

　　和學生討論學校中各種不同學習任務所需要的思考類別，例如，藉由考慮在數學課和科學課中如何（能）鼓勵創意思考來發展討論內容，或在英語課和藝術課中何時需要邏輯分析的思考。教師要指出，「全腦」的思考通常能使學習更有效率。

我們已經提過的實相地圖也可以稱為思考概貌（thought-scape）──心智的或情緒的概貌，亦即我們直到當下所形成的意義和理解。由於心智活動是不休止的，思考概貌會經歷持續變化的過程，進而不斷被更新。大部分被更新的知識可能都是小規模的，更新只是重新確認我們已知、已相信的事物。但是有些知識的變更需要我們修正對世界的理解，我們可能會做出有洞見的急遽轉變，然後突然對事物有更深入的理解，或者我們也許會慢慢形成新的看法。有時我們認為自己所知的知識在非常深入的層次上會受到挑戰，需要我們對於以前信以為真的事物做出個人的「典範轉移」（paradigm shift）。這個過程有時是痛苦的或困擾的，而且許多人會有意識地或無意識地抗拒改變已熟悉、已習慣的思考概貌。每個人都努力對所相信的事物保持一貫的觀念，而對於挑戰這些信念的新資訊所作的抗拒，被史丹佛大學的 Leon Festinger 稱為「認知不協調」（cognitive dissonance）。

我們所知道、所感覺、所相信的事物反映在我們所說的內容之中，我們使用的言語會透露思考的概貌。語言的結構和模式，以及表達個人實況的隱喻，被視為言語概貌（word-scape）；而「言語概貌」之作用是作為自我內在世界和日常事件所構成的與外在世界之間的界面。思考的發展導致語言的發展，反之亦然。

思考活動──創造對所理解之事物的新聯結和網絡，與大腦細胞和神經細胞聯結的方式雷同。大腦在細胞層次的連線相當於大腦概貌，而且是思考概貌的生理類比。

活動

檢視諺語作為聯結信念的隱喻方式，以及有時諺語如何限定了我們的信念。例如，「不下則已，一雨傾盆」（It never

rains but it pours）即是極端的通則，會有多少學生相信，「不
下則已，一雨傾盆」呢？

替代活動

　　進行能使學生說出信念的討論。指定某些學生擔任「中立
的觀察員」，其任務是注意同學在構思信念時所使用的隱喻。
接著（適當維持學生的匿名情況），檢視學生提到的隱喻如何
限制或強化了他們的潛在信念。

理解意識的方法之一是將其視為我們具有的「當下覺知」能力，此能力使我們注意到每秒鐘通過認知空間的想法，並且能刻意改變這些想法。

當然，這是最簡單的講法，真實的事物其實更複雜。我們的當下覺知起源於「有意識的注意點」（conscious point of attention）正好固定在某處。例如，我很容易將注意力聚焦在眼前書桌上的紙鎮，而這麼做時，我「過濾掉」房間中大部分的其他物品。我可能還是約略知道到周遭有哪些物品，雖然我沒有注意到它們，但是房間中的其他物品照樣存在。相反地，我也可以放鬆坐著然後環視我的書房，不特別注意任何物品卻能獲得整個概括的印象。

另一方面，當我注視著紙鎮時，我可能會回想起購買的時間，在這個情況下，當注意到被紙鎮勾起的回憶時，我的注意力便轉向內在。

或者當我凝視我的房間時，我可能會考慮重新排列我的書架，此時我正運用我的想像力來建構房間未來樣貌之心像，另外，我的有意識的注意點則固定在內在的想法上。

於是，一瞬間接一瞬間的思考是細微的、複雜的、快速的。察覺到甚至上述這些簡單的想法，可以讓我們在要求學生展現「全副注意力」或要求其「思考問題」時，停下來考慮得更深遠些。在進行思考教學時，我們要確保學生更熟悉其心智能力，以及明確指出要學生從事的思考類型。

活動

要求學生閉上眼睛，創造一幅目前所在房間的心像，接下來，鼓勵他們張開眼睛來察覺他們所遺漏的真實細節。然後，要求學生把注意力聚焦在所聽到的聲音，接著注意他們坐著時的身體重量和姿勢。要學生碰觸原子筆、鉛筆、書本，並且注

意這些物品的重量和材質。請開始發展學生注意當下覺知的習慣。

我們的思考類型反映在大腦的電化學活動和各種不同的刺激狀態（states of arousal）之中。當我們把有意識的注意聚焦在外在事物，並且使用邏輯的、分析的或推理的工具時，大腦產生的電脈衝大約是每秒鐘十五到二十五週波，我們稱其為β（beta）波。

α（alpha）波的產生反映了放鬆但清醒時的狀態，所謂的α狀態是非常有效的學習狀態，這時我們擁有全部的意識能力（conscious faculties），但是注意力則分為輸入部分和輸出部分，前者是被告知或被問到的內容，後者則是我們作出的心智反應。換言之，我們能覺察到來自潛意識的想法，然後能夠有意識地修正這些想法以形成答案。

有時我們會被白日夢強烈吸引，且沉醉其中達到無法覺知外在事物的程度。在這樣非常深度的幻想（據作家暨哲學家Arthur Koestler的講法）之中，我們可能會直接陷入潛意識的過程並且經歷到清明之夢（waking dreams）——催眠的想像活動，此能導致洞見的大幅躍進（見點子10），也就是所謂的θ（theta）狀態。

當意識在睡眠中關閉起來時，顯然我們會進入另一個以產生低頻δ（delta）波為特徵的心智狀態。此時潛意識的活動當然會持續，也經常會對於有意識建構的問題有高度的解決效能。「睡一覺解決問題」的古老智慧往往會產生令人驚奇的成效。

活動

1. 當告訴學生一份你希望他們記得的字詞表或數字表時，要求學生給你「全副注意力」（β狀態）。
2. 播放柔和的音樂，然後鼓勵學生放鬆聆聽，以及注意自然通過心智的想法（α狀態）。
3. 鼓勵學生回想某個他們幾乎「打瞌睡」的時候，並且回答：

是否記得在當時（θ）狀態所經歷到的任何鮮明想像。

4.問學生：是否記得當時似乎是瘋狂的任何夢想，但後來卻使得某些議題或問題更容易理解？

從「啊？」到「啊哈！」的四個思考階段出自數學家 Henri Poincaré 的觀察所見，之後，Graham Wallis 在一九二六年的《思考的藝術》（*The Art of Thought*）一書中加以發展。該四個階段是：

1. 準備期：這個時期的產生只是透過非正式地經驗外在世界，或者透過所學課程、研究等等而高度正式化和系統化。就創造和創新而言，長久以來人們相信「意外的發現總是偏愛有準備的頭腦」（discovery favours the prepared mind）。

2. 醞釀期（或吸收期、同化期）：這個時期意謂著大部分發生在潛意識層次的問題，其「熬煮」往往是漫長的、緩慢的。即使我們有意識地專注在問題上，工具庫的其他工具也只能在有意識的覺知之外圍起作用。由於潛意識的歷程是整體的，因此我們可以吸收大量的資訊來獲致解決方案，以及同時處理許多問題。

3. 豁朗期：此期是指心智之光開啟，令我們進入突然了解問題的「啊哈」時刻或「我發現了」時刻。換言之，我們有意識地明白自己的洞見。而這往往導致我們對世界之理解產生長久的、可能深遠的改變。

4. 驗證期：此期根據我們個人已知或眾所皆知的想法來測試解決方案。因此，關於其他人的直覺（內在的教導）需要攤在外在世界中確定：有洞見的新理論需要根據現有的大量知識來證明。

如果學童被要求採用慣例和機械式過程以外的方法來解決問題（可用數字來練習），則創意思考歷程的產生方式需要納入考慮。

活動

　　教師先瀏覽字謎書，以找出某些合用的實例來要求學生解答，學生不能使用邏輯方式和分析方法，而是把問題放一夜或者表示「答案會自己來找我」。例如，「馬汀說，所有叫做馬汀的人都是騙子嗎？」的謎題，其可能的答案是什麼？有一本充滿這類謎題的書是 Nicholas Falletta 所寫的《矛盾語》（*Paradoxicon*）（Turnstone Press 出版，1985 年）。

以下是一些很好的例子，這些例子說明解決方案的產生有時是不理性的，而不是只靠著有邏輯、有系統的努力。

潛意識和「內在的教導」如何解決在有意識的層面所提出之問題，其中一個典型例子是 Friedrich August Kekule 以直覺發現苯分子的故事。雖然對於發生的事實仍有一些爭議，但是廣被接受的故事版本是，Kekule 對苯的研究遇到阻礙，因為無論是他或任何其他人都不知道苯的分子結構。Kekule 提到，在一八五四年的夏天某日他打瞌睡——相當於深層幻想，夢到有幾條蛇在他面前的地板扭曲而行，因此他預料將有重大的事情發生。當這個想法升到最高點時，其中一條蛇纏繞起牠自己，然後把尾巴放到自己口中。Kekule 猛然驚醒，「正好明白」苯的分子結構是由碳原子環所構成。（另一個故事版本則指出，當 Kekule 在夢中注視著一堆火焰時，他似乎看到碳原子圈在一起跳舞。）

另一個知名的例子是愛因斯坦在一九〇七年產生的洞見，這個洞見導致他形成相對論的一般理論。愛因斯坦想像著一顆球在加速前進的太空船中會發生什麼事，而這個想像——愛因斯坦稱為「我一生之中最快樂的想法」——讓他更有系統地解決這個問題。更常被引用的愛因斯坦「思考實驗」則是他幻想著若以光速旅行的話，宇宙看起來會是什麼樣子。

發生在整個人類知識領域的上述例子，以及其他許多諸如此類的例子，強調了使用「全心智思考」來獲得更大理解程度的重要性，而不是只利用線性的邏輯推理來理解。在思考教學時，我們必須像 Kekule 所建議的，「學習做夢……然後我們將會發現真相。」

其他許多例子可參見在 Leslie Alan Horvitz 的《我找到了！改變世界的科學突破》（*Eureka! Scientific Breakthroughs that Changed the World*）一書，該書二〇〇二年由 John Wiley and Sons 公司出版。

Kekule 之蛇及其他幻想：思考、夢境、其他已知但自認未知的事物

心
智
是
一
部
「
原
動
器
」
：
想
要
有
好
點
子
就
會
有
一
堆
的
點
子

我們在生命歷程中從未停止思考：大腦從出生之前到死亡的那一刻都很活躍——的確，死亡在當今醫學上被承認的意義為大腦停止活動。因此，思考教學意謂著藉由提高對人類心智能力的範圍、能力，以及潛能的覺知等等，以任何方式來利用大腦的功能。

這個承諾使我們遠離教育是傳遞課程內容給學生的過度簡化模式，進而使我們要求學生在測驗的情境之下反覆學習以評量其所知。相似地，思考技能的教學法和學習法超越了機械式的、定型的心智技能之應用，例如像單純死記硬背、使用公式解決問題，或者令學生無法充分說明、無法徹底理解的其他策略。

如同作家 David Gerrold 所說，真正獨立的、有創意的、有效能的思考者是一部「推動概念的機器」。這樣的思考者知道：她（他）的想法是有價值的；沒有任何想法曾經被虛擲；我們需要有許多想法以利產生最好的想法；以及，最有效的思考會使用到全部的心智，而這表示，即使我們無法「眼見其發生」，但仍有許多的思考活動在進行著。

最優秀的思考者是好奇的、開明的、喜探究的、好問的、幽默的、反思的，以及舉止帶有稚氣卻態度成熟的人。

活動

向學生展示訪談科學家、作家、哲學家、藝術家、哲學家等等的訪談錄影帶片段或書面摘要，而這些人士都能示範有效思考的態度。一小部分建議使用的教學資源如下：

1. David Bohm 的訪談，Mystic Fire Video 出版（偏向科學和哲學，適合初中以上的學生）。
2. Richard P. Feynman 著，《所有的意義》（*The Meaning of It*

All），Penguin Science 出版，1999 年（偏向科學和哲學，適合初中以上的學生）。

3. Arthur. C. Clarke 著，《歡迎，碳本結構的兩足動物們！》（*Greetings, Carbon-Based Bipeds!*），HarperCollins 出版，2000 年（偏向科學和未來學，適合小學高年級以上的學生）。

4. Ted Hughes 著，《創作中的詩篇》（*Poetry in the Making*），Faber 出版，1986 年（適合小學高年級以上的學生）。

5. Ray Bradbury 著，《寫作中藝術中的禪學》（*Zen in the Art of Writing*），Bantam Books 出版，1995 年（創意寫作和思考，適合小學高年級以上的學生）。

高峰經驗：為什麼有好的想法時會覺得很棒

心理學家馬斯洛曾在一九五〇年代時指出，當人們的「匱乏需求」（食物、保暖、遮避、安全、性）被滿足時，他們就會要求一定程度的創造力活動以維持心理上、情緒上，以及生理上的最大健康。

馬斯洛在這之前的許多研究是以病人為對象（或者，如其所稱的「不全的人們」）。為從他們獲得更多的洞見，他決定改為研究健康的人。馬斯洛發現，很活躍、很有創意地投入自己生活的人，能成功戰勝「泡沫型的快樂」（bubbling happiness）或者克服有時難以承受的狂喜。他將這些經驗稱為「高峰經驗」（peak experiences）。

這項發現令人歡喜的結果是，當馬斯洛使這些人覺察到自己發生了什麼事之後，他們不僅有更多的高峰經驗，也更能任意產生高峰經驗。換言之，人們對於創意思考和快樂之間的正面循環，獲得更大的控制能力。他們可以引導自己螺旋式地向上發展。

馬斯洛將這種行為稱為「自我實現」。他的心理學是基於「人性的更高層級」（higher ceilings of human nature）之概念，以及相信多產的思考及伴隨的高峰經驗是有益人類健康的基礎。

活動

幫助你的學生，將有效的思考及來自此類思考的美好感覺加以「定錨」（anchor）。（形式上的）便利定錨方式是，每當好的想法及伴隨的快樂感產生時，就摩擦非慣用手的拇指和小指。

1. 當學生很有效地思考時，「找出」這些學生，並且在真誠讚美他們時指出這一點。

2. 在學生進行有效思考時，提醒學生使用他們的定錨（使用以

上的舉例或由他們自選定錨方式）。

3. 對學生提示，當建立這類的正向定錨時，他們也可以在其他時間使用以促進好的想法，以及在覺得有壓力時喚起正面的感覺。

身為人類，我們的基本自然傾向是遠離靠近正面事物的負面事物。我們會盡量滿足匱乏需求，如果我們接受點子 12 所列出的馬斯洛心理學概念，那麼我們同樣需要「找出意義」以維持健康。

如果我們先有下列假設，思考的教學方法與學習方法可以發展得更快速、更有效：

1. 滿足求知的需求對健康是不可或缺的。
2. 所有學童都有想像力。
3. 所有學童都有學習熱忱。

「期望決定結果」是廣為人知的事實，如果身為教師的我們採取上述要點作為對學生的正面期望，就可以把這些期望傳達給學生，然後作為學生追求未來進步的穩固基礎。

如果我們將探究視為探險，Poincaré 從「啊？」到「啊哈！」的創造思考歷程在各個階段都會加速，這樣的學習態度和過於熟知的「傳遞學科內容」之情況並不衝突：如果學科內容被視為「in-formation」，那麼這些內容就可以發揮點燃想像力的燃料作用，而想像力則是驅動探究之旅的引擎。

有此想法之後，我們需要透過有規律的練習使學生發展下列主要技能：

1. 探索
2. 解釋
3. 計劃
4. 操作
5. 評鑑
6. 反省

活動

　　帶領學生玩「如果」遊戲。使用類似「如果事先沒有警示，世界上的顏色就改變了？」之類的例子，讓學生練習以有效思考的態度來回答這些問題：

1. 這個世界看起來會像什麼？
2. 我們可能會面臨什麼問題？
3. 我們將如何解決問題？

以學生為資源的原則：所有事物對思考都有用

身為教師，我們的部分態度應該是承認學生是我們的基本資源。資源（resource）一詞很重要，因為當作動詞時其意義變得更明確——「re-source」意謂回歸到學習的來源。傳統上，學校教育採取告知學生事實、數據或公式的型式，學生在學習之後複述這些資訊以評量其學會了多少。因此，簡單的事實是我可以教導學生地球是圓的（此處字典所定義的「事實」是，「被視為當然已發生或被視為真實的事情，以及經驗的資料」）。但你是否發現，這項簡單的教學其實很有爭議？地球事實上是圓的，還是球形的？我應該修正成這樣來教導學生嗎？或者我應該告訴學生地球是扁圓的球體，在赤道的部分凸出而兩極部分較扁。

馬克吐溫曾說過，他永遠不會讓學校教育阻礙他的自我教育。思考教學以「啟發和培養」的原義來看待教育，如果我真地準備將學生視為學習的基本資源，那麼我的目標將是持續啟發他們目前為止已經構成的意義和理解。在鼓勵學生告訴我他們所理解的事物時，藉著重視他們的想法，我可以幫助學生培養想法，以及有自信的以創意思考者和獨立思考者自居。

這些鼓勵思考和重視思考的重要特質，能支持學生的探究之旅。學生是我的教學資源，我必須運用他們帶進課堂中的資源——信念、態度、文化，然後在尋求發展其思考能力時，給予他們正面的回饋。

上述就是應用學生資源的原則。

活動

這項原則是以潛意識的方式作用，也就是說，當你在不讓學生公開知道的情形下使用這項原則，學生的行為會逐漸改變。藉由僅是對學生的想法和意見盡量給予正面回饋，將會產生效果。所以，今天就開始練習這項應用原則，例如，有位學生說

她對於自己未能完成作業覺得很挫折，你可以提示她，這種感覺顯示她有把功課做好的渴望。這就是你可以稱讚學生的話。或者，如果有學生告訴你他無法做作業，你就要求他，想像他自己在完成作業時會有多麼高興。

有一則古老的愛沙尼亞諺語說：「工作會指引你如何去做。」由這句話可知，累積的知識可以幫助你學習如何更有效累積知識。但我認為這個過程實質上是被動的、靜態的。建立思考教室意謂著：

1. 應用學生作為基本的學習資源。
2. 創造威脅度低的班級風氣（例如減輕對於答錯的恐懼），並且增加學習的挑戰度。
3. 發展探究之旅。
4. 身為教師，要具備我們想要學生持有的態度。

學生的學習會透過嘗試錯誤、模仿，以及獲得洞見而進步，已是早被公認的事實。嘗試錯誤的學習（我一向認為是合理而非折磨的歷程）是經驗式的，但是可能會導致挫折並且耗費過度的時間。如果身為教師（和家長）的我們能在教學中建立自己的「思考技能行為」，那麼我們就可以做學生正面的、有力的角色楷模。

在這樣的情境脈絡之下，考慮「潛在課程」的概念是有用的。潛在課程意謂著學童在學校學習的整個情境脈絡，超越了我們正式教導學生的範圍。從這個觀點來看，我們可以了解到正式課程不過是更大的冰山之尖端。學生的價值、信念、自我認同感、情緒機智、社會技能、學習態度等等，都以更微妙、更有效的方式受到學校環境的影響，其中課表和教學計畫只構成一小部分而已。

潛在課程的另一個方面是「滲透的學習」（osmotic learning），也就是說，關於吸收外在世界的大量資訊，我們：(1)以潛意識的方式來進行——在意識覺知閾之下，以及(2)起初先有意識地思考，隨後再進入潛意識的思考歷程。

換言之，大量的學習係在表面下進行，我們可以透過建立

IDEA
15

愈用愈利的工具：做中學和思考的課題

鼓勵思考的學習環境，以及藉著親自示範良好的思考行為，來有效引導及加速思考教學的過程。

活動

　　和學生討論，有些學習活動如何透過「吸收」而發生在潛意識中。明顯的例子為學習如何走路和說話，而有時我們的信念、態度、期望也是這樣建構的。如果適當的話，要求學生思考及討論與其自我能力有關的信念，例如身為學習者的信念。如果學生的信念是正面的，要求他們多說一些自己體驗到的想法和感覺，以利了解學生的想法是正面的。如果學生的信念是負面的，提醒學生我們在較年幼時所經歷到的事物——現在我們可能已經遺忘了，會使得這些信念徘徊不去。接著進一步提醒學生，如果這些有限制作用的信念是藏在心中、被遺忘的故事，他們現在將如何改變這個故事，以將信念轉變為正面的？

思考教學法和學習法的另一個基石是 AUC 原則：覺知（Awareness）、理解（Understanding）、控制（Control）。

思考工具庫有許多的思考工具可以應用，有效能的思考起自於更知道這些工具，以及這些工具適合的任務。加速學習理論建議我們，當學童做「後設認知」（metacognition）的活動時，他們的學習會更有效能，而後設認知意指「思考你所做的思考」。當然，為了達到後設認知，學生首先需要注意自己的大腦在想些什麼。

因此，覺知的活動不僅包括了解思考的類型，也包括了解不同思考類型的作用、了解思考時的感受，以及如何在不同的情境脈絡之中運思。

只要你設定了學生需進行思考的學習任務，就要求他們也「注意自己的心智行為」。當學生覺知到自己的心智活動，他們會很自然地深入了解該思考工具如何作用。例如，你向學生展示一隻貓的圖片，然後要學生注意關於這隻貓的任何事物，並且告訴你他們注意到了什麼。有個學生可能會說：「我認為這隻貓很醜。」然後你回答：「很有趣，你注意到了這隻貓，並且告訴我你對貓的意見。」這樣的回應，能讓學生的心智區辨出純粹觀察和價值判斷之間的不同。

以上的簡單舉例說明了「使思考清楚明確」的重要原則，在此例中，當學生透過你的回饋了解觀察和意見的差異時，學生將更有可能有意識地控制思考行為。

活動

針對觀察的活動有時候會自動產生價值判斷和意見，開始提高學生對這方面的認識。要學生注意其他人的這種現象（不一定要對此做出判斷！），藉由提高學生對於自己的所言即所思之認識，來發展AUC原則的應用。某些我想到的「觀察—意

見」陳述，舉例如下：

1. 不下則已，一雨傾盆（此通則乃建立在否定的論點之上）。
2. 現今的年輕人真是不可靠（此通則並未定義「年輕人」、並未界定年輕人如何不可靠，也並未界定「年長者」如何可靠……）。
3. 在一天結束時，全都變得一樣（此句的含糊程度甚高，使得整個句子實際上變得無意義。處理大多數「觀察—意見」陳述的方式是要求更進一步的證據和界定。而「是什麼事令你這樣說？」的問句總是很有效、很有穿透力）。

四個「Ｉ」：專心、想像、直覺、理解力

茲摘要我目前的看法如下：我們可以藉著在教學和學習方案中建立四個「Ｉ」，以發展學生的強效思考能力。

1. 專心（Immersion）

   創造以低威脅為特色的學習環境，並且在富有想法和語言的領域之內增加有創意的學習挑戰。如果我們將自己的學科領域視為可學習、可理解的知識領域，我們必須吸引學生進來遊玩。我的教學背景是英文——這就是我要學生進入並享受樂趣的「學習遊樂場」（learning playground）。

2. 想像（Imagination）

   無論學生的學習風格、偏好、喜好運用的感官型式，以及學習的社會面偏好等等，所有學生都有想像力——根據事先存在的潛意識實相地圖來創造有意識的心智印象。想法和語言都豐富的環境必然會豐富學生的想像世界。

3. 直覺（Intuition）

   「內在的教導」意謂著引導、依賴，以及從我們美妙的潛意識能力來學習。我們只能有意識地處理數量有限的資訊（在任何時刻，我們能接受的知識訊息為「七加減二」個單位）；而我們在潛意識上能同時處理無限量的資訊，其範圍涵蓋整個心智實相地圖。

4. 理解力（Intellect）

   理解力是我們的推理能力，此能力宛如駕馭及引領想像力之騎馬奔騰的騎士。心智的潛意識部分是高度有反應的，當我們有意識地引導潛意識的能力時，理解力會朝著我們事先決定的目標起作用。當我們注意到潛意識活動的結果時（對事物的闡釋），我們接著可以進一步應用我們的潛意識思考工具來檢視、界定，以及理解我們的想法。

活動

　　逐漸將你的學科領域和班級教學視為「學習遊樂場」。以「哇」（wow）的驚奇資訊和你的熱忱來吸引學生的興趣——金氏世界紀錄簿是有用的起點，有助於蒐集與學科有關的驚人事實。當學生在思考你告訴他們的事實時，將其注意力聚焦在其大腦真正思索的事物之上。

在點子 17 提到的四「I」情境脈絡中，我們可能會想到，下列策略可以增進多元有效的思考技能：

1. 發展感官敏銳度；好探詢及注意外在世界發生的事情，並且留心頭腦所想的事情（後設認知）。學習與刻意運用感官的程度之間有強烈相關，是廣被公認之事。

2. 在各種脈絡情境中有規律地練習，換言之，以許多「做中思」的方法來學習思考。

3. 藉由積極從事重視想法的不同學習任務，來強化對思考的愛好。要把某件事學好，就要喜愛它。

4. 了解學習發生在許多的層次上。就像明確的、正式的、有意識的教學會對學習產生效果，我們在潛意識的層次上以「滲透的方式」來學習。我們的學習方法及結果，也受到何處和何時學習（環境）、如何學習（風格、偏好、傾向）、由誰教導（角色楷模），以及為何學習（目的、深層信念和自我認同）等因素的影響。

5. 學習在本質上是意義建構的過程，此過程基本上能增強及堅定我們的自我認同感。

活動

和學生討論：他們如何能更喜歡學習？什麼時候他們會想到自己是否在腦海中繪出圖像？他們是否喜歡大量的口頭說明？他們喜歡獨立學習或分組學習？他們喜歡先做概覽的方式或者喜歡教師只提供事實和想法，然後自己再將其建構成更大的圖像？

註：查閱下列【Barbara Prashnig 的作品，以學習更多關於學習風格的知識：《多樣化的力量》（*The Power of Diversity*），Network Educational Press 出版社，2004 年。】

教育（education）一詞的根源來自「educare」（培養之意）和「educere」（啟發之意）。教育的發生不是僅僅藉由告知學生要知道什麼，而是藉由給予他們發現求知方式的策略，再加上考慮哪些值得求知以及為何求知的區辨能力。

除了課程的限制之外，我們還是可以採用以課程內容作為思考素材的「思考技能取向」。事實上，這個取向能有效使用班級教學的時間，因為在某個學科所教導的思考策略可以被應用到其他學科。再者，在引導學生更有效能地思考方面，我們要發展學生能用於課程以外、用於學校以外，以及用於整個成人生涯的思考技能。有個睿智的說法是，我們是自己的知識載具（instruments of our own knowing）。

這些大概念可以透過提到地球是圓的（或者橢圓球體，見點子 14）之事實來輕易說明。我可能會以引導學生好奇心的方式來挑戰他們……

活動

對學生提問：

1. 所以，為什麼你認為地球是圓的？
2. 你何時發現這個事實？誰發現地球是圓的？
3. 地球是圓的之說法，是如何被發現的？
4. 在我們發現地球是圓的之前，我們相信什麼？
5. 你如何為自己驗證地球是圓的之說法？
6. 其他的星球也是圓的嗎？我們如何發現該事實？
7. 太空中的所有物體都是圓的嗎？若否，你認為為什麼不是？

在學生的學習曲線開端，諸如上述等等問題是由教師來引導，當他們一路熟練下來，我們會注意到學生產生下列顯著改變的行為：

1. 他們會更有洞見地使用個學科的次主題（詞彙）。
2. 他們會自己提出問題。
3. 他們在找出回答這些問題的方式上，會逐漸更有創意。
4. 他們會在整個課程及課程以外應用其思考技能。

　　當我以教師角色發現學生這類行為時，我隨即知道他們正穩健地走在學習如何學的道路上。

選一則你最近詢問過學生、你認為依賴積極回應（猜測正確答案）才能回答的問題，然後和學生一起討論，該問題如何能建構得更多樣、更吸引人，以及更具創意上的挑戰性。我最近想到的一個例子是，教師對她班上的學生說：「告訴我稍早我所說有關恐龍在白堊紀末期被滅絕的原因。」

這個問答活動可以透過下列策略變得更主動、更目標導向：

1. 要求學生討論或查閱任何他們不了解的字詞之意義（順帶一提，我對於那麼多學生無法解釋恐龍是什麼感到很驚訝）。
2. 探究（透過研究和想像）可以解釋大滅絕原因的不同理論。
3. 要學生思考為什麼上述資訊對他們而言很重要。
4. 透過問學生：「如果恐龍沒有滅絕的話會怎樣？」來玩「如果」遊戲（見點子 13）。

有效能的思考基本上是積極的，而且極可能是由思考者的動機所引發及引導。即使最沉悶的班級也會產生大量的思考活動，但這些活動往往是波諾（Edward de Bono；譯註：國際知名思考教學大師）所稱的被動思考（或「猜測正確答案」的思考）：

1. 思考由學生產生，但卻是由教師引導及指導，而且往往是封閉式或修辭式問題的產物。
2. 被動的思考反映了教師關切檢核學生是否記得「事實」。正確答案是由所有人事先設定的。
3. 被動的思考依賴外在權威，而且經常導致重述事先組織的內容。因此被動思考意謂著事先定義的事物圖像。
4. 被動思考受到競爭的氣氛所支配和限制，這類的氣氛是輕率批評的、排它的（例如：做得好，大衛，你的答案正確；史提芬，下次你應該更努力）。

5. 被動思考抑制「冒險」的行為。想法一直被稱作是「一個人的心被掌握在另一個人的手中」（one person's heart in another person's hands），因為被動思考透過使人害怕被評價、被貶低、被更正等等，而壓抑了人們的想法。

　　另一方面，目標導向的行為，其本質是：

1. 積極而且受到個人的控制。
2. 這類行為巧妙地、有創意地應用許多思考工具；並牽涉到計劃、預期，以及探究過程時的興奮。
3. 就師生而言，目標導向的思考持續聚焦在導向結果的過程。
4. 目標導向的思考同時應用外在和內在的參照物（referent），換言之，它應用了直覺以外的資訊來源。
5. 目標導向的思考是理性的、實際的，但事實上，結果是理性的思考在開始時未必如此。如愛因斯坦所言：「如果一開始的想法不是荒謬的，這個想法就沒有發展的希望。」
6. 目標導向的思考受到個體的承諾和自我信念所驅使。

活動

　　在你的班級實施「思考稽核」活動。評估被動的學習任務和主動的學習任務之間的平衡，以及評判學生理解目標導向思考的程度。

雖然許多的心智歷程和問題解決歷程都發生在潛意識的層面，但是最有效的思考發生在當心智的意識部分和潛意識部分同時作用，以及兩者各自依賴自己的優點之時。

我們會有意識地維持明確的意圖以產生想法，我們會深入理解事物並解決問題，於是潛意識會遍尋實相地圖，以找出與結果一致的資訊。當我們適應「放鬆的警覺」狀態之後（點子8所提到的 α 波狀態），整體概況、大概念，以及整個概觀就會浮現心頭。這是我們的心智已經準備好、已經消化好的結果：以 Poincaré 所用的術語而言，我們的概念是豁然開朗的（點子9）。

下一個階段是實現夢想，使其真實（實際）、可以達成。現在我們需要應用有意識的推理和邏輯思考來建構計畫。預期的結果實際上看起來像什麼、感覺上像什麼？它是怎麼運作的？各個部分如何相互協調？

計畫是我們的行動藍圖，而如果計畫建構起來就必須要確認。我們可以問自己：我可以做哪些改變，以使計畫成為我能想到的最佳計畫？在回答這個問題時，我們運用了內在的和外在的參照物——我們的直覺、自我判斷，以及外在資源。

ERV 公式反映了不同的心智狀態、情緒狀態，以及有意識的策略和潛意識的策略之間的轉換平衡。當引導學生撰寫更好的論說文、故事等等時，ERV 是值得謹記在心的有用策略，同時它也是可以更廣泛應用的終身技能。

活動

為學生設定類似準備度假計畫的學習任務，刻意將焦點放在不同的思考階段：想像他們想去哪裡、規劃如何著手準備，以及相互問問題促使計畫更有效。

有策略的思考導致目標的達成，「目標」的重點在於它們是固定的。如果我的目標是完成這本書，這個目標的本身不會改變，但會需要刻意的行動來改變它。

我所考慮幫助我達成目標的途徑是運用策略——而這就是策略思考的重點和力量。策略最好能以複數數量來思考，因此就我提到的目標而言，哪些策略能使我達到目標呢？

1. 我可以把整本書的寫作任務分成更小的「區塊」，這可以幫助我在構思時見樹又見林。我可以考慮一次寫一篇，然後再組織整本書的全部架構。

2. 我可能也要運用 ERV 公式（見點子 21）。另外，我從概念著手，然後建構一個以上的計畫以利實現——使其成真。對如何驗證每個計畫的健全性和效能的考慮，使我將計畫分為等級 A、等級 B 等等。

3. 我可以考慮寫作過程的成分，然後試驗這些成分直到找出繼續發展的明確方法。有項有用的工具是六星查核圖（start check）。在紙上畫一個六角的星星，然後將六大重點問題寫在每個角上：什麼、何時、如何、何處、誰、為什麼。這也是區塊化的技術，但是以不同的角度來處理問題。從每個問題再細分的是我需要進一步回答的問題：我每天需要寫多少？每篇需要多少字數？每天我需要多少時間寫作及完成必要的工作？我如何處理寫作停滯的問題？等等。

4. 對以上任何一項任務，我都可以應用特定的思考工具。

活動

要學生想像，他們要準備一份主要的作業給你。這項任務不是要學生做這項作業，而是透過點子 21 提到的重點，詳細計劃如何準備作業。

我們的語言模式透露許多關於「思考概貌」、心智概貌或情緒概貌的訊息，這些想法造成並維持我們的態度、信念、自我認同感，以及自尊等等（見點子6）。

有效能的思考就像依賴應用適當的思考工具一樣，也依賴高度的自尊、高度的自信、高度的客觀，以及高度的好奇。對學生的說話內容及說話方式要多加細察，要觀察學生認為自己所述的「表面內容」之外的內涵，注意在語言之中所透露的限制性因素……

1. 限制性隱喻

「我在這個問題上枉費了心力（hit a brick wall）」、「我現在深陷困境（in deep water）」、以及「我似乎無法了解（get a handle）如何繼續前進」等都是限制性的隱喻。而介入教導的方式之一是，以更正面的方式使用說話者自己的隱喻，例如：「讓我們想想如何拆掉那道牆──或者把磚塊變成棉花糖」、「有許多方式可以游到淺灘」，以及「把手的製作可以使用許多不同材質，讓我們發明一些新的。」

2. 全有或全無的思考

此處是指，說話者說某件事不是對的就是錯的，或者不是這個極端就是另一個。這個模式常和過度通則化相聯結，例如：「我永遠無法答對」、「他永遠選她而不選我」、「我的想法永遠沒有用」。如果不是這一類的講法，則透過要求舉例來介入教導。

3. 貼標籤

標籤將過程轉化成狀態，例如「我是一個失敗者」。介入教導方式是透過「加上動詞」將其轉換成過程或行為，例如「什麼事情造成這種自認失敗的行為？」、「我們可以思考哪些方法來克服問題？」

活動

　　要學生蒐集人們所說的話，而這些話是上述重點的實例。探討如何重述這些實例，使其變得更正面、更有用。

鼓勵學生探究字詞的根源及其多重意義，可以有效發展學生對語言的認識。我個人發現了幾個實例，這些可以貼切說明的有用實例包括：

1. 資訊。資訊將大量的知識——標示的「事物」——轉化成過程。
2. 教育——引出、教導——即啟發和培養。對我而言，該定義將教學強調的基本功能，由教師的輸入大幅轉換為學生的輸出。
3. 想法——心智的型式。對我而言，想法等於「理想」（ideals），這個概念可以回溯到柏拉圖的完美心智型式或終極模式（ultimate templates）。這是有用的隱喻，因為型式可以被修正、拆解、重建、試驗……
4. 直覺作為「內在的教導」，意指所傾聽的內在智慧比有意識的理性更為深入。
5. 實現——透過有意識的、刻意的計劃使事情成真。

　　另一個有趣的例子是，我最近想到「課」（lesson）和「傳奇」（legend）二詞可追溯到「美妙故事」此一共同根源。了解到這一點使我立即對所謂的教學有更敏銳的觀點。

活動

　　要學生研究「學習」（learning）的相關字詞，或者某個最近所學主題的關鍵字詞之詞源。

METAS 的意義：隱喻思考和產生意義

我們活在一個表徵的世界，同樣地，我們的實相地圖和實相的本身並不相同，因此「字詞不是事物本身」，或者換個方式來說，菜單不等於餐點。我們的思考代表我們以心智地圖為本，對外在世界的了解（以及努力於進一步了解）。根據我們自身的經驗，我們用來表達思考的語言，反映了對意義的建構，以及對事物真實面貌的詮釋。

幾乎毫無例外，我們所用的語言充滿了隱喻（「充滿」一詞也是隱喻！）。而我們的個人隱喻透露了關於學習風格、感官的心智參考架構，以及有限的（和解放的）信念之線索。注意到我們自己和學生所使用的隱喻，然後在探索這些隱喻時勇於冒險又多加玩索，可以使我們對自己所用的語言、所做的思考以及意義建構有更多的掌控。

「Meta」一詞來自希臘語，意指「在……之上、超越、高於」。前面曾提到以該詞修飾的「後設認知」一詞，其意是指「更高層的思考」，另一方面則是指從上方、從更高的心智活動層次來回顧我們的思考。

相似地，後設語言學（metalinguistics）是我們用來反思所用語言的語言，亦即用來探究字詞的字詞。加拿大 Simon Fraser 大學的教育學教授 Kieran Egan 指出，我們的思考透過理解的層級（hierarchy of understandings）而進展。超越對字詞的哲學式理解和由語言所框架的理解，我們發展出一種嘲諷式的理解力，藉由該能力，我們檢討自己對於事實真相的心智語言架構，然後挑戰這些架構以發現其對我們的作用是否完全發揮。

【來源：Kieran Egan 著，《受教的心智》（*The Educated Mind*），芝加哥大學出版，1998 年。】

活動

　　從大街上、從電視上，或從人們彼此身上蒐集每日生活的對話片段，然後和學生一起梳理這些字詞、片語所包括的隱喻。

發
展
術
語
知
識
：
語
文
、
思
考
、
學
科
領
域

課程的任何學科領域都可藉由其所用的詞彙而了解，的確，有些教育者宣稱學科內容就是其詞彙。這些構成學科的專用術語在意義上就是次主題（motifs），而其成分特色有助於定義及描述更大的知識領域。當學生從基本原理到細節特色方面，對某個學科知識領域都有概括的概念時，我們可以聲稱學生已經理解該學科，而且學生有能力以巧妙的、有洞見的，以及有創意的方式應用該學科的詞彙。

教育學者 Margaret Meek 將這種熟練學科領域的過程稱為「發展術語知識」（building a literature）。然而，她把功能性識字（functional literacy）和更深廣的識讀能力做了區分。在前者，詞彙的使用是被動的，是為了應付日常活動；在後者，透過應用學科主題知識，學科的深層結構被加以理解和表達。

對「事實」的簡單表達和公式的例行應用，無法發展術語知識，思考技能教學法有更好的發揮機會，因為當我們積極學習概念和歸納學生在某個知識領域已經建構的意義時，這類方法有許多心智工具可用。評量學生積極思考、創意思考，以及對學科有充分知識的程度，其方法反映在他們發問問題的數量和洞察力。

簡言之，如果學生能根據我一星期前所說的，告訴我「月球繞著地球轉」並且接受其為事實，則她（他）尚未證明自己是積極的思考者。如果她（他）問了十個問題來挑戰和擴充這個概念，並且其中有些問題涉及「地球」和「月球」的定義，那麼我將知道自己的教學成功了。

活動

取一則簡單的事實陳述（例如「月球繞著地球轉」），然後鼓勵學童以帶有「什麼」、「何處」、「何時」、「為什麼」、「如何」、「誰」等字詞的問句，盡量提出他們想到的問題。

思考遊戲的工具

創
意
思
考
和
批
判
思
考
的
工
具
：
概
覽
某
些
思
考
方
法

哲學家 Alfred North Whitehead 曾說：「分類扼殺了理解」（taxonomy is the death of understanding）。我自己的感覺是，創意思考和批判思考（以分析思考的意義而言）之間的區別有相當程度是人為的。確實，ERV 的歷程——想像、理解、區辨——始於更強調心智在 α 波狀態時（見點子 8）的潛意識活動，然後朝向更深思熟慮和更邏輯的思考。但這永遠只是一部分的歷程，其中許多創意思考和批判思考的工具都有助於達成目標。

這表示，本書的內容會更專注在所謂的批判思考技能；創意思考技能的探究可查閱本書的姊妹作《創意思考教學的一百個點子》（*100 Ideas for Teaching Creativity*）。為供參考，引用 Fogarty 和 Bellanca*的說法列出較常用的創意思考技能如下：聯想、腦力激盪、通則化、假設、推論、虛構、做出類比、擬人化、預測、問題解決。

更多批判思考或分析思考技能的清單條列如下。在更詳細說明之前的這個階段，你可能想要考慮，當我們以這些方式思考時，心裡到底在想什麼。另外，檢視你給學生的學習任務，然後選擇這些任務涉及的思考類型。

1. 分析假設。

2. 分析偏見。

3. 歸因。

4. 分類。

5. 對比。

6. 做決定。

7. 決定因果關係。

8. 下結論。

9. 假設**。

10. 預測。

*11.*訂優先序**。
*12.*解決問題**。
*13.*解問類比。

* 來源：Robin Fogarty 和 James Bellanca 著，《教他們思考》
（*Teach Them Thinking*），Skylight 出版公司出版，1986 年。
**我將這些技能視為既有創意又具批判性，視它們強調的重點
而定。

活動

要學生思考，下列實際涉及的思考類型是什麼：當他們考
慮這份清單時，心裡在想什麼？對學生解釋任何他們不熟悉的
術語，例如「假設」、「偏見」、「類比」等等。

IDEA 28

藉由教導學生事實，然後測驗學生以確定他們知道這些事實，非常容易使教師獲得安全感。當學生將正確答案回覆給我們，我們就可以斷言他們學會了。

如果你到目前都一直同意我的想法，那麼我確定你像我一樣會問：「就是所謂真實的學習嗎？」被動的事實接受者可能知道很多知識，但是他們了解這些知識嗎？我個人認為，他們並未透過積極學習和有創意地探究被視為資訊的想法，來習得如何發展術語知識。

把教與學的重點轉換到這個方向的簡單方法是，使用「已知知識」三角形（圖1）：

我們被教導的知識

我們知道的知識

我們認為知道的知識

我們想要發現的知識

圖1　「已知知識」三角形

事實、意見或概念等等的陳述寫在三角形最上方的區塊，空間有限意謂著必須簡潔陳述。

最上方之下的第二個區塊還有更多的空間，可以寫幾則關於我們最初知道的事實之陳述，在這個情況下，「知識」的確認是藉由邏輯的論據、證據的依賴，或者透過實驗來證明——

理想上最好三者兼備。

再下來我們思考，對於最初知道的事實我們「認為」知道些什麼。此外，這個部分的活動讓我們提出已形成的假定、提出已建立的聯結、提出已做成的推論，以及其他我們只是單純接受而未批判的意見、想法、信念等等。

上述澄清的知識會扼要寫在三角形最下方的區塊——現在「我們想要發現的知識」，而條列這些知識能幫助我們決定，哪些思考工具對於未來有系統的探究最有用。

在 A4 大小的紙張上畫出圖 1 的範例；或是如果你想要學生寫得更詳細，可以使用更大張的紙。這項技術顯然不經常使用，但是即使偶爾使用這項活動，也可以積極探究所得結果的基本陳述策略。

活動

以和教學主題領域相關的特定實例為本，使用「已知知識」三角形，和學生討論「知道」和「了解」之間的不同。

在每天的對話之中，我們常聽到「事實上」（as a matter of fact）這個片語。一般相信，這個片語被用來強化論據或觀點。但什麼是「事實」？以及當我們接觸到事實時，我們質疑事實的程度有多頻繁？

在《簡明牛津辭典》中，「事實」（fact）被定義為「明顯已知的事情發生了或此事是真實的」，其拉丁字根的意義則是「deed」（被視為「在事實之後」）和「造成」（to make）。因此直接專注於事實的方法是，評估確認事實的真實程度，不論是就全體的確認或個人的確認而言——後者是指如果有人告訴你某件事是事實。確認事實的特定策略如下：

1.應用「已知知識」三角形。
2.提出六個重大問題（見點子 22）。
3.探究事實陳述所用字詞的字源。
4.澄清對構成事實陳述的主題或概念之了解。
5.使用所謂「後設模式」問明確的問題，以得出關於「其他人所說的意思是什麼」的特定資訊，而不是自行詮釋他們所述字詞的意義。

鼓勵學生藉由使用像「具體地說」、「精確地說」、「確切地說」等等字詞，開始應用後設模式來發問。

1.確切地說，你的意思是……？
2.具體地說，你如何知道？
3.精確地說，導致你說這件事是事實的根據是什麼？

活動

要學生研究例如下列的一項事實陳述，然後思考哪些是事實，以及（或者）可以如何得知該陳述是事實（或並非事實），

例如，討論歷史的事實是否不同於科學的事實。鼓勵學生問後設模式的問題，以利對其未來的進一步研究定出方向。

1. 莎士比亞是英國最偉大的劇作家。
2. 第二次世界大戰於一九三九年開始、一九四五年結束。
3. 氫是最簡單的元素。
4. 一鳥在手勝過二鳥在林。
5. 夜晚現紅霞，牧羊人心喜；早晨見紅雲，牧羊人擔心。
6. 法國南部很適合居住。

IDEA 30

對、錯、挑戰對錯：找尋事實以外的真相

在想法被重視、有效能的思考被鼓勵的環境之中，學生會勇於發展質疑所學智識的信心。評量思考技能教學法效能的方法之一是，發展許多策略來評量我們所接觸的資訊。除了應用先前提到的技術之外，可引導學生問下列問題：

1. 這些資訊的新穎度如何？是否已經被其他概念、理論或事實所取代？
2. 這些資訊的來源是什麼？有其他有助於確認我們所學知識的資訊來源嗎？
3. 這些資訊如何被呈現（見點子96「傳統的體例與型式」）？作者以這種方式呈現資訊的目的是什麼？是為了告知、娛樂、描述、說服或其他目的？還有哪些其他的有效呈現方式？
4. 資訊呈現的方式如何增進理解？
5. 作者可能還有哪些提供資訊的目的？
6. 作者是否呈現了觀點？若是，作者如何利用資訊來支持其觀點？
7. 作者是否呈現了不同的觀點或相反的觀點？作者有無偏見？（見點子35「分析偏見」）
8. 作者的想法是否有組織？（我們可以追查出其「合理的關係」嗎？）
9. 作者是否提供通則？
10. 我理解這些資訊嗎？我能提出哪些問題來增進我的理解？

活動

關於學生目前所學的主題領域，要他們從百科全書中查閱一則條目，然後就所得的資訊提出上列問題。

前述的「已知知識」三角形（見點子 28）及其問題清單強調，我們所學的知識只是資訊冰山的一角而已。在表層之下存在著所學知識的深層結構，其內涵包括知識傳述者所設定的議題、被刪除的資訊、被扭曲的資訊，以及（有意歸納或無意歸納的）通則，而這些都存在於作者所言和我們擷取意義的資訊之中。

我以前的一位培訓師曾經在講課中提到他上方的一幅標語：「我要對我所說的內容負責，但不必為你所聽到的內容負責。」這是很好的建議，它提醒我們，我們的大腦都帶著不同的實相地圖，也都以主觀的、再現的，以及獨特的方式來體驗生活。思考教學的重要目的，是使我們清楚表達我們的意思，以及有效探究其他人試圖傳達的意義——測試我們的觀感是否符合他人的意圖。

「已知知識」三角形的變化策略是將三角形分成兩部分：「我們被教導的知識」和其他部分。此三角形的尖端是溝通的表面結構，其下的所有內容才是深層結構，包括作者的意思表達及我們理解的所有內容。

活動

試以下面的例子介紹這項技術……畫個三角形，分成上述所說的兩部分，然後在上半部寫下「玻璃破碎，有奔跑的腳步聲。」接著在下半部寫下這些問句以探究其深層結構：

1. 你可以從這些句子蒐集到哪些資訊？
2. 你會問哪些問題以知道更多資訊？

這個簡單的練習可用於各年齡層的人，問題取材可包括「三隻小豬是好朋友」到「事實就在我們自身；它不會再增加或因外在事物而改變。」【拜倫（Lord Byron），《帕拉切爾蘇斯》（*Paracelsus*；譯註：瑞士醫生及煉金家），第 i 頁】

IDEA 31

深層結構和淺層結構：探究所知以外的資訊

人類有深植的求知需求，此需求在我們的腦內發展。根據教育學者Kieran Egan的看法，這樣的意義建構從幼年時期就開始產生，幼童會經歷一段「神秘理解」（mythic understanding）的時期：對他們而言，世界充滿了需要解釋的神秘事件和神秘力量。於是他們以神話來解釋事物，創造故事以便把經驗放入有意義的情境脈絡之中。

另一位教育學者John Abbott指出，幼童特別有創造「諸事之天真理論」的奇妙能力。例如，問十個兒童為什麼太陽每天都會升起，可能會得到許多奇妙的回答。由於這些都是天真的想法，並非以多元的經驗或廣博的知識背景為基礎，因此這些想法能舉例說明兒童在發展有效思考時的行為。

我一直記得我的父母曾告訴我，閃電是因為雲層碰撞在一起而產生。這個講法對我而言似乎很合理，因此我相信了好長一段時間，直到我開始質疑大塊的水蒸氣怎麼會「碰撞在一起」為止。身為教師，我們的工作不是去否定學生的解釋，而是鼓勵他們，然後引導他們質疑和證實自己所說的故事。

奧卡姆（Occam）剃刀原理是引導學生改進其理解的有用工具，該原理（至少在科學上）指出，對事實最簡明的解釋總是最受到偏愛。亦即，這類解釋訴諸的神秘力量或迄今未知因素是最少的。

這項原理適用於許多情況，但是我們也應該謹記James Jeans爵士的著名建言：「宇宙不僅比我們想像的陌生，更比我們能夠想像的還要陌生！」

活動

選擇類似「充滿氫氣的汽球往上升」之類的現象，然後鼓勵學生提出許多可能的解釋。應用奧卡姆剃刀原理，以「合理性」的程度將學生的解釋做分類，如果學生立即提出正確的答

案是氫氣比空氣輕，接著問學生要如何研究這項宣稱，同時也問學生「空氣」的意義是什麼。

「假定」是在缺乏證據時所做的陳述或結論，它也可以被定義為在溝通的行動中被視為理所當然的知識或理解。因此，如果我現在提到大腦進入到 α 狀態將使你有意識地注意到潛意識的前處理（preprocessing）作用，那麼我就是在假定你已經讀過本書的前面部分而且也已經讀到、已經理解，以及記得「α 狀態」、「潛意識」、「前處理」等術語。

分析假定是所謂批判思考技能的基本技能。對我們而言，假定意圖溝通的內容就是所傳達的內容，已達到常見的程度。但是我要提醒你這段標語：「我要對我所說的內容負責，但不必為你所聽到的內容負責。」這段標語強調的想法是，我們每個人都很主觀地看世界，我們的實相地圖在許多方面都不同，有時更有深遠的不同。

使用分析假定的工具之前，首先要注意到假定本身。身為教師，我需要經常提醒自己，可能正在假定學生尚未出現的知識或理解；我也需要了解，標題不是說明。有個十歲的學生最近告訴我，故事的基本結構包括了「發展方向、複雜情節、結局」當我問她這些詞語的意義時，她只是聳聳肩說道：「我不知道，但是老師告訴我們這些是真的。」

當然，現在我正在假定你知道這些詞語的意義！

活動一

要學生從你所教的學科領域列出他們並未充分理解的字詞，想想你身為他們的教師，將學生理解這些字詞視為理所當然的事已經有多久了？

活動二

和學生一起研究許多電視的和雜誌的廣告，然後選出你們假定為真的廣告（或者這些廣告要我們相信其內容是真的！）。

也許假定當發生溝通時溝通者的假定即存在，是安全的想法，而「假定在溝通發生時存在著」係指：在書寫或言說的內容表層之下存在著意義、聯想、意圖等等的深層結構。分析假定的第一個步驟是，盡量將那些深層結構帶到溝通的表層上來，然後尋找通則，尋找在前提與結論之間遺失的或不完整的聯結，以及追溯任何視為理所當然的先前知識。

接著，以下列方式更正我們的假定：

1. 問六個重大問題。
2. 提出可能的情境來解釋或填補「假定的落差」。
3. 使用「點子 30」提供的資訊評鑑建議。
4. 使用更多的連結詞來測試陳述之間的邏輯聯結，例如：因為、所以、同時、因此等等。
5. 探究作者的意圖：他的議題可能是什麼？（參見「點子 35」的「分析偏見」）
6. 使用「點子 28」的「已知知識」三角形，整合上述的策略。

活動

要學生檢視下列陳述：

將無人的探測器發送到星球上，比發展載人的太空運輸工具更合理。

IDEA 35

分析偏見

偏見是採取主觀世界觀的後果，它是為了支持某個意見或某個被接受的模式，而扭曲或過度強調的陳述。當我們努力想說服他人時，偏見會被刻意呈現；或者，偏見會在無意間表達出來，例如當我們支持從未質疑過的一般看法，將其當作無可置疑的真實事物來接受它們。

我們現在討論的這個層次是「典範」（paradigms），典範是以科學達到的發現為基礎，而且一般被視為真實的實相模式（models of reality）。在這個意義上，「真實」是可以被實驗證實（及可能做假）之事。更為開明的人都了解，任何實相的模式都不是實相本身——換言之，他們了解自己的偏見或典範的偏見。然而，信念結構、觀點、意見往往還是不受質疑。這種情形導致所謂的「範疇硬化」（hardening of the categories），其中更極端的形式會造成眼界狹小的懷疑態度和情緒的反應，包括對不同的看法表現敵意。

同樣地，我們可以假定溝通行動中存在著溝通者的假定，因此我們認為溝通行動支持溝通者的世界觀是理所當然（除非你要分析這些假定！）。

藉由尋找下列情況，對於書寫或言說的內容做初步的檢核：

1. 誇張陳述或輕描淡寫。
2. 使用情緒性的字眼。
3. 通則化。
4. 選擇特定例子以支持一般的看法。
5. 「強調」某些方面或扭曲「事實」。
6. 將意見偽裝為事實。
7. 缺乏證據或不當依賴證據。
8. 缺乏論據和判斷或不當推論論據和判斷。

活動一

　　要學生應用上述的要點評鑑下列陳述：

1. 科技使我們陷入一團混亂，但是也會把我們帶出混亂。
2. 統計顯示，比以往更多的學生將接受繼續教育。
3. 過去二十年來，實境電視節目（reality TV）的興起和全體人口的智能下降同時發生。
4. 一張照片勝過千言萬語。

活動二

　　要學生藉著研究不同報紙的同一主題之報導，來練習分析偏見。

濾網和走道：以個人觀點看世界

我的感想是，帶有偏見的概念是所謂「概念濾網」（perceptual filtering）的更廣現象之一。一般而言，我們吸收的資訊會被概括化、會被扭曲、會被刪除，其部分原因是為了當大量的感官訊息進入大腦時能夠即時處理。再者，對於輸入的訊息，我們會過濾掉與實相地圖「所寫」內容相同者：在所相信的外在世界樣貌與此時好像如此的樣貌之間，尋找一致性。

上述方式會導致對各層次的事物形成牢固的看法。而反擊這種傾向的方法是，有意識地假定不同的觀點立場，雖然此方法強調了偏見。

選擇一個議題，從你目前抱持的觀點（觀點 A）爭論這件事，接著——也許坐到不同的位子上——從相反的觀點誠心爭論這件事（觀點 B），以致於不帶偏見的旁觀者無法分辨哪一個是你的真正觀點。現在坐到中立觀察者的位子上（觀點 C），然後充分理解觀點 A 和觀點 B 的偏見。這項活動在採用三人一組分組的班級教學中可發揮良好效果，而同組的三個學生「輪流」扮演觀點 A、B、C。

通常應用在戲劇教學的另一個聯結的活動被稱為「決策走道」（decision alley）。教師先選擇一個議題並且澄清其相對的兩個觀點。將不同的觀點告知全班學生之後，接著把學生分成兩組，每一組選一個觀點。要求每個學生選擇一個支持其觀點的陳述，然後兩組學生兩兩面對面排成行。要一個觀點中立的學生慢慢走過走道，然後站成兩行的學生一個個依次向這位行走的學生輕聲說出他們的陳述，最後這個中立的學生要說出他的看法是否受到影響。

活動一

從新聞報導選一些主題，然後要學生練習觀點立場活動和決策走道活動。

活動二

　　要學生提出令他們感受很強烈的議題，接著從相反的觀點對該議題建構說服的論據。

歸因是就概念、感想、物體等等提出其要素、特性，特徵之技巧（當然，總是要謹記在心的是，全部往往大於部分的總和）。歸因有助於探究事物的微妙性和複雜性，以利更徹底理解，或者以利僅為了獲得更廣為接受的定義。如此界定歸因之意，能讓我們了解吾人所定義的事物是否是更大群體的屬性之一或實例之一。

以這種定義方式向學生介紹歸因工具的方法是應用「由下而上、由上而下」階梯圖（圖2），這種特別的應用方式在討論動物的分類時是有用的。更廣而言，此圖解強調區塊化（chunking）的心智技術，意指將某個事物分解成更小的成分，或者將各部分聚集一起以創造更大的組織。

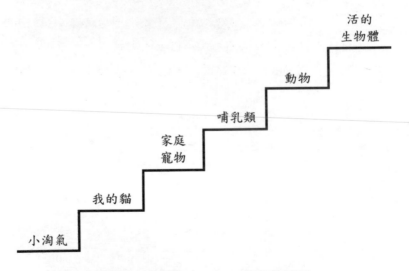

圖2　由下而上、由上而下階梯圖

鼓勵學生做概觀（整體情況的思考），然後分離出次主題（成分特點）以促進界定及描述更大的領域（邏輯─順序思考），也有利於發展學生的心智彈性。當學童熟練這項「心智

伸縮鏡頭」到某個程度之後，他們會更有能力為想進行的思考選擇「區塊大小」。例如在寫故事時，學生可以想像一段敘事型的概觀，其中她（他）對整個故事創造心像，或者決定聚焦在能夠組成單句的心像細節。

活動

要學生選擇幾個熟悉的物體——杯子、鉛筆、一條麵包等等，然後列出每樣物體的屬性。接著，要學生再檢查有無任何共同的屬性，並且問學生：有些物件是否可以放入更大的分類之中？

我一直記得，當我還是個讀小學的小男孩時，努力想從「刪掉一個」（odd-one-out）的清單得分；我也記得：即使我有合理的選擇理由，當某些字詞就是被我刪錯的時候，我就覺得很生氣【刪一個就生氣？（odd-one-outraged?）】例如，在下列的例子中，你的答案會是什麼？

玫瑰（rose）、鬱金香（tulip）、水仙花（daffodil）、烏頭（aconite）、黃菀（ragwort）、矢車菊（cornflower）

也許選「玫瑰」，因為玫瑰也是顏色的名稱，或者因為「rose」（譯註：與玫瑰同字）也可以用來作為動詞過去式？也許選「烏頭」，因為「aconite」（烏頭）是唯一起首是母音的詞。選「黃菀」，因為黃菀是唯一正式列名對動物有害的雜草？選「矢車菊」（cornflower），因為它是唯一的同音異字（和「cornflour」同音）？

因此這項練習活動不是被用作猜測正確答案的遊戲（見「點子20」的被動思考），就是在思考技能學習方法中，更有成效地作為練習歸因、對比（見點子41）、分類（見點子40）的活動。以下是進行活動的一些方法：

1. 對幼童使用圖片集。鼓勵幼童注意例子中的屬性：顏色、形狀、其他物理特徵。如果使用真花，可以加上香味和構造的屬性──當然絕不會包括味道。

2. 藉由列出更多字詞來玩刪掉兩個的遊戲，使遊戲更複雜化。

3. 玩「差異多大才刪掉」的遊戲。要學生對每個舉例的字詞都盡量列出最多的屬性，然後判斷這些例子的聯結有多緊密。例如，如果我們決定「玫瑰」的屬性之一是培養的品種數量最多，那麼「鬱金香」和「玫瑰」會有密切的聯結，因為鬱金香也有許多品種。而「黃菀」的聯結程度是最低的，因為

（就我所知）黃菀沒有培養的品種。

4. 從清單中給各組學生一個不同的字詞，然後要他們盡量找出該字詞應被刪去的理由。

5. 玩「留下一個」的遊戲。要學生列出能聯結所有舉例的屬性，然後應用「由下到上、由上到下」階梯圖使這個遊戲更具挑戰性。

6. 使用范恩圖（Venn diagrams）顯示共同的屬性。

IDEA 39

點子 38 的練習活動

使用以下列表來練習及闡明點子 38 的活動：

1. 海灘、榆樹、紫羅蘭、蕨類植物、蘭花、松樹
2. 黃金、玻璃、青銅、石板、鐵、鉛
3. 鎮、市、村、烏托邦、公園、市郊
4. 茶、可樂、果汁、啤酒、水、咖啡
5. 木匠、礦工、教師、電工、麵包師、理髮師
6. 螞蟻、熊、貓、鹿、鰻魚、狐狸

選一個有創意的方法來處理資訊，對於使用像字詞表這樣簡單的資源，可以產生不同的應用方法。除了上述的點子之外，和你的學生試驗以下的活動：

1. 創意聯結。將清單中的任何兩個字詞聯結起來，例如：「木匠為他的作品贏得金盃」或「教師的名字是紫羅蘭」。從故事中選出更多的字詞來進行活動。
2. 過濾。依據你的個人喜好列出字詞。
3. VAK〔視覺（Visual）、聽覺（Auditory）、動覺（Kinaesthetic）之應用〕。從清單中選出一個字詞，然後使用所有的感官來想像這個字詞。

　　分類是辨識模式的活動。我們蒐集有充分共同屬性的項目，使其被標示為相同的群組。分類被應用到課程上的實例很多，例如：數學的百位數、十位數、個位數；生物學中的生物分類法；英文的演說分段；圖書館學的杜威十進分類法等等。作為使用這項思考工具的第一個步驟，教師要提高學生對這些舉例的覺察力，並且要學生擴展分類的應用。

　　雖然分類被視為是批判思考或分析思考的工具，應用時仍可以採用創意的方法。請要求你的學生試驗下列策略：

1. 討論「獨特」這個概念，以及何時、如何、為什麼在某些例子能應用到這項概念。我們總是可以指出某件事物的獨特屬性嗎？

2. 討論可能以限制的、有害的，以及爭議的方式應用分類策略之實例，以通則化、刻板化等等用語提醒學生察覺「範疇硬化」。

3. 為分類發明新的集合名詞——因此不使用「一班」學生，而使用……

4. 再次使用范恩圖來闡明類目的屬性，並且探究類目聯結的「重複部分」。

5. 在顯然各自獨立的分類之間，勉強建立有創意的聯結，例如，列出學校和餐館的共同屬性。然後問學生：有任何屬性重疊嗎？如果發生重疊的話要怎麼改變？擷取概念並以隱喻的方式使用它——例如，「營養」可作為聯結學校和餐館這兩個類目的概念。

這項工具結合歸因和分類，以探究想法、物體、感覺等等之間的異同；這項工具也是探究可能性、了解可用策略，以及做出決定的有用方法。

對比的基本步驟涉及蒐集資訊，為相同和相異之處轉換資訊，然後尋找最接近的相似之處，以及差異的規模或程度。例如，我們認為血、瑞士國旗、鐵鏽三者可以做比較，因為它們的特徵都是紅色。不過這是「表面的」比較，在更深層的比較之中，我們了解血的紅色和鐵鏽的紅色是聯結的，因為兩者都指出了氧的存在。或者，我們可能注意到蘇洛（Zorro）和達斯‧維德（Darth Vader；譯註：電影「星際大戰」中的黑武士角色）都戴面罩、穿黑衣，雖然我確信他們之間的差異很明顯。

在你任教的學科或主題領域中找出實例，然後透過強調這項工具是思考技能教學法的一部分，從同事那裡蒐集實例。如果在一週內每個學科的教學都實施對比活動，此策略將會在學生心中留下很深的印象，而其他的思考技能教學也會有同樣成效。

活動

（如果跨科的練習活動不可行）使用類似「水」之類的大主題領域，要學生腦力激盪水的概念，然後就產生的資訊進行比較或對照的活動。

就更多挑戰心智的資訊，發展比較或對照的技能。

1. 就整個不同的情境脈絡，討論相似和差異的程度（比如深層結構的對比）。例如，包括人類在內的靈長目動物有 98% 的 DNA 是相同的，這對於討論種族或宗教的差異而言，是很深遠的比較。相反地，人類的眼睛和章魚眼睛的運作原理都相同，但是證據顯示兩者是各自獨立演進的。

2. 應用「好、壞、有趣（或中立）」的工具，將對比技術增加一個層面的推理或判斷。這項工具也稱為 PNI 策略——正面的、負面的、有趣的（Positive/Negative/Interesting），所以此工具可用來對比印度的食物和中國的食物。要學生討論哪些因素是好的異同點或壞的異同點。

3. 使用視覺繪圖工具來澄清對比。此時可以使用范恩圖或樹枝圖模式——生命演化之樹是其中很明顯的、很熟悉的舉例。

4. 將感覺做對比。以愉快和不愉快作為縱軸，情緒發生的頻率作為橫軸，將情緒變化畫成圖解（見圖 3）。

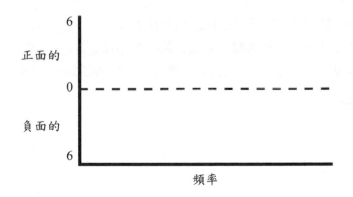

圖 3　情緒地圖

雖然傳統上，做決定被視為聯結到邏輯、推理、分析的批判技能，但做決定的過程往往具有強力的潛意識或直覺要素。我猜想在決定做什麼或不做什麼的時候，我們有時都會任由「本能的感覺」來決定。如果你接受我在整本書中所提供關於潛意識運作策略的觀點和論據，那麼我們依據預感來做決定的觀念是合理的，而我們使用主觀的判斷來做決定的聯帶想法也是合理的。不過在某些場合中——例如法院，推理的論據和實證證據的有無，才是我們做決定的基礎（雖然將「法律」和「正義」這兩個概念做對比，以及分析律師有時根本不客觀、不人性的語言技巧，會很吸引人）。

我們通常會在考慮過策略和作法之後才做出決定，因此請帶領學生練習下列結合策略思考和做決定的基本步驟：

1. 找出需要做的決定是什麼。
2. 這項問題或決定可以「分解」成更小、更容易處理的部分嗎？
   如果可以，列出需要處理部分的優先順序（見點子 53「排優
   先順序」）。
3. 列出據以決定的各項選擇之利弊得失。
4. 探究達成決定的策略（見以下說明）。
5. 檢視你所做的決定，確認自己理解為什麼做出該決定的理由。

活動

使用類似以下的舉例讓學生練習如何做決定：「我有 1,000 英鎊額外的錢，我應該去度假、裝修我的房子，或者買一套新的家庭劇院設備？」接下來要學生提出應用在他們自己身上的實例。

使用以下的策略幫助學生練習做決定：

1. 對要做的決定進行「六星查核」（見點子 22）——什麼、何處、何時、誰、為什麼、如何做決定。

2. 找出影響做決定的標準——亦即，和做決定有關的、對你很重要的事（六星查核可以找出部分重要的事）。

3. 腦力激盪達成決定的可能策略——
   (1)畫心智地圖或畫蜘蛛網圖。
   (2)根據有用程度、效能、費用（時間和金錢等等）將這些策略訂出優先順序。
   (3)以價值來平衡費用。
   (4)使用「好—壞—有趣」工具來幫助揀選策略。

4. 玩「因為」遊戲來澄清所有決定背後的動機和理由。「我今晚要穿藍色而不穿棕色的衣服，因為我已經有一陣子沒穿藍色的衣服了。我有一陣子沒穿藍色的衣服是因為……」就讓連環的「因為」引領你說出該說出的原因，而你可能會發現關於自己的新鮮事。

5. 玩「如果」（If-Then）遊戲來探究所做決定的可能後果，將其程序設定成和「因為」遊戲一樣。

6. 如果你這時還是無法做出決定，問自己：「什麼原因阻礙我做決定？」此時要注意直覺、瞬間閃現的洞見等等。

7. 如果所有其他的策略都無效，隨手拿一本書，隨意選出某一頁的某個段落，然後隨機挑出一句話，並且打算讓這句話大大幫助你達成正確的決定（這項技術依賴潛意識的處理歷程）。

8. 如果答案未立即出現，睡一覺，明天再解決問題。

判定因果關係在達成結論和做決定方面，是有用的工具。在因果關係經常是邏輯的、經得起推理的範圍內，它被視為是批判思考的技能。當然，在科學的世界中，因果推論過程的穩固性已幫助建立了世界如何運作的當前典範（量子力學則不同——這個研究領域被稱為「有關物體構成的夢想」！）。

教師可透過蒐集每天發生的實例，來察覺學生的這項思考技能，例如，如果我放下這片玻璃，它可能會掉落，然後可能破碎……不過請注意，即使像這樣普通的實例也比乍看之下更複雜，因為雖然我們完全預期放手會導致玻璃掉落，但是玻璃不一定會破碎，它可能會完整無缺地彈起來、摔出裂縫，或者掉了一塊。我們需要立即運用像可能之手（maybe hand）一樣的工具，來探究及闡明可能的結果。

當我們將因果概念用於人們及人際關係之後，那麼我們將真正走在典範轉換的沙灘上……

活動

將一篇短篇故事剪成幾個區塊，打亂其順序，然後要學生以他們認為的邏輯順序加以排列，接著要學生更詳細地討論，為什麼某一個段落或某一個場景要排在其他段落或場景之前。（請注意，這項活動的變化方式是使用連環漫畫來代替純文字的故事。）

關於決定因果關係，讓我提一下白烏鴉原理。在科學領域中，研究假設透過邏輯論據、證據蒐集、實驗等方式被確認而成為理論。理論的一個關鍵是，它可以透過相同的科學方法而假造，如果透過持續的調查發現某個理論並非假造，那麼它終究會被接受而成為自然科學的定律，並且被納入當前盛行典範的結構之中。但是科學並非必然事物的堅固基石，總是有更多需要學習的事實。我們的理解是以部分的事實為基礎，因此，我們可能會接受「所有烏鴉是黑的」的定律，不過，只要出現一隻白烏鴉就可以證明該理論不實，然後使我們得從頭開始建構理論。

在教育上，這是重要的，加速學習理論建議，如果學童能夠忍受模糊和不確定，他們的學習會更有效能。這點普遍反映了生活現象，使我們在處理部分真實的、未預期的、未知的事物時，維持心智上的彈性。在「如果」和「那麼」之間的「連環事件」可能是看不見的，可能部分屬於事物運作的深層結構。如果我們接受這種講法，我們就有更多處理因果關係的策略。

活動

透過發展本項技能，教師能夠：

1. 玩「如果」遊戲──澄清「因為」的因果聯結。
2. 使用「可能樹」（possibility trees），以視覺方式組織可能的結果。
3. 以錄影帶片段、書、節錄的音樂，玩「接下來是什麼」的遊戲。
4. 研究機率、巧合、可能性。
5. 探究「另類歷史」──例如，如果羅馬帝國從未崩解，會發生什麼事？
6. 使用戲劇的角色扮演來設定情境。

IDEA 46

白烏鴉原理：理論是近似事實的陳述

IDEA
47

論結的效比

「結論」一詞來自拉丁語，其意義是結尾（closure）、關閉（shutting）——必須拉在一起及結束的事。就某個意義而言，結論是指在一項心智工作結束時的完全停止狀態。

這個概念有優點也有缺點。就正面而言，「完成」意謂著我們的思考可以繼續前進，例如我可以在思考過理由之後，下結論說我不適合某項工作，因此我可以擴大視野及找尋全新的機會。就更負面而言，我可以下結論說某甲是個無賴，因為他沒有履行和我所做的買賣。而如此做結論的行為像是範疇硬化，關閉了進一步的可能發展。「無賴」是名詞化的字詞，它創造了一種關於我的想法和感覺的狀態（靜止的）。因此在生活的許多方面，如果我們了解一扇心智之門關了，則另一扇門會打開，那麼下結論是有幫助的。

這一類思考的另一個特徵是我們下結論的方式，我們可以：

1. 草草得出結論。下最後結論而沒有整個思考其間的步驟。
2. 憑直覺獲知。依據「內在的教導」和潛意識歷程的結果下結論。在這種情況下，根據我們所不知道的思考之深層結構，我們所認出（帶到意識層面的覺察）的是預感或本能反應。
3. 假定。缺乏合理（或任何）的證據就下結論。
4. 推斷（來自拉丁語的「進入」）。達到結論係根據「內在參照物」，而且不一定應用到特定的外在證據。就這個意義而言，我們將自己的信念、期望、偏見等等帶進來成為影響因素。
5. 推論（來自拉丁語的「導向」，「de＋ducere」有「帶離」之意）。根據外在可觀察到的證據移向某個結論。

活動

要學生列出一張他們認為是真實陳述的清單，其中所有的

74

舉例都是可以接受的，從「鑽石是女人最好的朋友」到「蘭開斯特市現在正是最好的季節」，再到「吃水果、蔬菜，對你有益」。和你的學生一起探究他們如何達成這些結論。

「……無論多麼不可能，所有剩下的一定是事實。」福爾摩斯這樣說，而這也是聰明的建議。在應用下結論的思考技能時，我們對執行工作所需的過程，必須以後設認知方式注意。我們會了解前面列出的任何下結論方法——從推論到草草下結論，在適當的環境之下都是有用的。

當學童達成結論時，有個關鍵的問題我們必須問他們：「在獲得這個答案之前，你們注意到哪些線索？」這會使學童回頭檢視觀察到的細節，而這項過程的兩個重大優點是：

1. 檢視的活動，其本身能查核做結論過程的合理性。
2. 有可能在第二次反省時，學童注意到更多線索以強化（或弱化）先前的結論。

這項檢視結論的問題在修正之後為：「你注意到哪些外在的線索？你注意到哪些內在、你自己的線索（關於想法和感覺）？」首先，這會引導學童的注意力朝向外並且聚焦在觀察到的證據。其次，它鼓勵「內在的注意」，這可以透露假定和推論所依據的內在資訊。

無論採用任何一種方法，這個過程都可以讓學童就其所需來匯集資訊和重新組織，以利形成能導致結論的思考形式。

活動

使用學童在點子 47 所列出的某些結論，然後應用這些關鍵問題幫助學生反省：

1. 哪些證據導致你獲得這個答案？
2. 這個答案「感覺上」正確嗎？

假設（hypothesis）是指提出看法，用以解釋觀察到的事實，或作為未設定事實之下的推論基礎。這聽起來相當簡單直接，但請注意，其強調的重點如何放在不確定的事物而非確定的事物，以及事實的解釋是我們目前能夠盡量確定的。「假設」一詞的希臘字源是「基礎」（fundation），而這個詞通常讓我們了解到，假設是解釋的平台基礎，使進一步的理由據以建立，但是這些假設係依據觀察到的事實、推論，以及邏輯的論據。假設處於純粹推測和理論之間（假設是用來說明原理的想法之匯集）：

在提出假設時，應該謹記在心的關鍵特點是：

1. 以能夠對後續研究提供方向的問題或陳述開始。
2. 蒐集立即可得的資訊。
3. 根據所觀察的事實提出可能的解釋（或假設）。
4. 將上述這些解釋加以排序，例如根據這些解釋在這個階段有多真實（見點子 32 之奧卡姆剃刀原理），或者有多容易對這些解釋表示同意與否的意見等等。
5. 找出可用來同意或不同意假設的策略並加以排序。
6. 使用這些策略並記下結果。
7. 如果不同意假設，現在還有哪些假設符合事實，如果這些假設無效，還需要做些什麼？需要做哪些改變以使假設符合事實？（宜視需要盡量重複這個步驟，直到確認假設的有效或無效。）

活動

要求學生對下列（及其他）舉例應用建立假設的技能：

1. 為什麼月亮有圓缺週期？
2. 智能較高的人總是在爭論中獲勝。

3.小紅帽的故事是在嚇唬小孩。

4.為什麼放在外面沒有保存的起司會發霉？

我認為，提出假設的技能是兒童時期創造「諸事之天真理論」的能力延伸（見點子 32）。我們有理解外在事物的深切需求，在幼年時我們會把事情神秘化，之後，我們的語言架構加上我們理解整個世界的方式，創造了不同的典範，而這些典範包羅了對事物的彷彿樣貌之解釋。若超越該層次的理解，我們可以使用後設認知和後設語言學來進一步檢驗和研究各層次的信念結構。

　　也許，我們可以鼓勵學生提問的最基本問題是「為什麼」。在重視想法的教育環境中，兒童對於提出或多或少符合假設定義的解釋會覺得有自信。讓學生每天問一個為什麼的問題，並且花很少的時間探究可能的答案，就可以為他們將來提出更複雜假設的能力建立穩固的基礎。

活動

　　玩假設遊戲。設定像下列的簡單情境故事，要學生為蒐集更多資訊提出可能的說明和策略，之後，要學生建構他們自己的情境故事。

1. 廚房窗戶是打開的。
2. 料理台上蓋盤子的茶巾掉在地下。
3. 盤子上有小小的雞肉碎屑在上面。
4. 料理台上有油漬印。
5. 叫喚家貓的名字時，這隻貓沒有出現。

IDEA
51

預
測

預測是有趣的探究工具，因為進行預測的許多方法涉及了頗多其他思考方法，從單純的猜想、接受預感、推論、到根據所觀察到的事實之邏輯推論。在這個意義上，預測可以被歸類為既是創意思考又是批判思考的技能。

我們對所有預測方式的興趣，使我們更容易了解人類想控制往往不可預測的世界之需求。如果我們對所預期的事件有所準備，我們會覺得更安全，而這也增加了關於我們如何——至少在工業化的西方文化之中——看待時間的有趣議題。我們的時間觀傾向是線性順序的、空間的。我們在科學中談到時光之箭，我們想像身後的過去和眼前的未來，而我們所用的語言都反映了這些想法。我們談到「遙遠的記憶」和「遙遠的未來」，這些是所謂透過時間的觀點。另一個不同的觀點是「即時」，有意識的注意力把焦點放在更當下，這時，過去和未來並未讓我們有如此的全力行動。

這些想法在許多方面都相關，尤其是提供應付擔心焦慮的洞見，這些擔心焦慮屢屢起自對未來情境的想像，而這些情境尚未發生，也可能永遠不存在。

活動

要學生預測十年後、五十年後、一百年後世界的可能樣貌（如果你想要的話，可以選個特定的預測領域，例如電腦、學校、購物等等），然後，鼓勵學生對他們的預測說明理由。

在使用預測作為思考的技能時，嘗試以下的活動。請注意，此處也應用了其他類型的思考，以利達到結果。

1. 玩如果遊戲（見點子 44）。
2. 玩假設遊戲。提出「假設」之問，以聚焦在特定的問題領域，例如：假設黃金突然失去價值，會怎麼樣？假設有顆小行星撞擊地球，會怎麼樣（指出不同的撞擊地點以產生不同的情境故事）？假設發現了使用水作為燃料的方法，會怎麼樣？
3. 另類的世界。假設恐龍從未滅絕，會怎麼樣？假設美洲大陸被發現的時間比現在晚一百年，會怎麼樣？假設古埃及人已發展出先進的科技，會怎麼樣？
4. 未來的規劃。順著時間線（或使用決策樹模型）思考個人的未來。要學生以心像方式躍進未來，然後注意有趣的事物，接著往回看問自己：我需要採取哪些步驟使自己達到這個狀況？允許學生大規模使用科幻小說的故事來做未來的規劃。
5. 接下來發生什麼事？使用錄影帶片段或故事內容摘錄來設計故事的結局。要學生問自己：你使用了哪些類型的思考來產生答案？
6. 玩「幸運的、不幸的」遊戲。讓學生練習類似下列的陳述：「不幸的，我失手掉了一個盤子。幸運的，盤子沒有破碎。不幸的，盤子有了裂縫。幸運的，它沒有砸到我的腳。不幸的，這個盤子是一套的。幸運的，我可以在本地商店買到替換的盤子。不幸的，這家店現在關門了……」這個遊戲的益處是，它可以發展心智的彈性，以同時了解某個情況的得與失。
7. 占星用語。使用模糊的預測語，然後要學生思考這些用語如何應用到他們找出的問題、新聞中的事件、個人的未來等等。例如：

- 合夥是有可能的。
- 寶物很快會出現。
- 你目前正在轉捩點上。
- 有件物品會變得很重要。
- 新的領域顯現了。
- 注意成長的速度。

排優先順序是指根據一個以上的標準，創造有秩序的排列順序。「標準」（criterion）一詞來自希臘文的「判斷或決定」（to judge or decide）——根據我們所澄清的價值。排優先順序是計劃和做決定的有用工具，為了排優先順序，下列是可進行的活動：

1. 蒐集所有要排序的事項。
2. 決定將要應用的標準。
3. 如果需要，排出這些標準的先後順序。
4. 使用這些標準排列各事項的順序。
5. 澄清將各事項排序的背後理由。
6. 如果需要，檢視這份清單，然後根據明確的理由改變排序。

活動

要學生想像，他們需要為健行之旅的裝備打包。他們可以帶許多物品，但是背袋的空間有限。有哪些物品可以打包呢？學生會應用哪些標準來決定哪些物品要打包？哪些是最重要的標準？為什麼？哪些是次重要的標準？……要學生應用這些標準並將物品排序，接著確認學生知道他們為什麼要選擇該種順序，最後，檢視學生的清單。

排優先順序遊戲的深層結構是，這些遊戲涉及廣而複雜的價值，而這些價值影響我們的信念和態度。當然，這些價值也大力影響我們的自我認同感和目的（指心靈感受上的）。

活動

1. 玩簡單的「分級遊戲」。要學生根據一、兩個簡單的標準將物品排序，例如水壺、杯子、盆子、提桶、茶壺（根據容量）。將這項技能的練習擴充到整個年級的課程，例如從元素週期表找例子、要學生讀幾首短詩然後試著按照其對情緒的影響排序等等。

2. 創造「最高王牌」（top trumps）的卡片遊戲。選擇例如「小說英雄」的類目，接著決定幾個標準，像是長處、特別的力量、聰明度、對他人的影響等等。要學生決定這些標準的價值（根據討論或文本的研讀）之後，就該基礎排列每個英雄的序位。

3. 討論標準的概念。問學生：什麼是價值？向學生介紹客觀的、可評量的價值（如重量、距離、時間等等），然後介紹像是「美麗」等更主觀的、更模糊的（但也很重要的）價值。最後，讓學生探究「主觀」和「客觀」之概念。

4. 研究廣告。要學生根據他們選擇的標準，將各則廣告排出順序。

5. 檢視政治演說和政治宣言。哪些價值隱藏（或明顯表示）在文本中。

6. 將科學發明按重要的程度（對誰？以什麼方式？）加以排序。

世界是複雜的，而且不可能總是（或無法如願）按照完全線性的方式將事物排序。針對這一點，鑽石分級的思考工具會有幫助。使用像下列（圖 4）的範本，並且視需要變化圖解，那麼屬於相等價值的物品就可以排出優先順序。你當然可以在任何一列盡量畫出想要的方格，雖然畫的方格愈多，排序的圖形看起來就「愈單薄」。

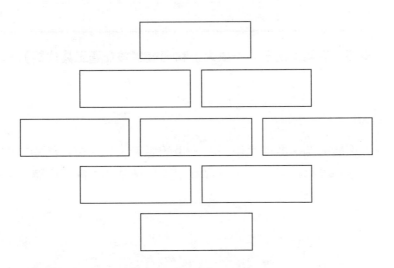

圖 4　鑽石分級圖解

另一項便利的範本是圖 5 的表格，這個表格應用鑽石分級的原則，而沒有圖 4 矩陣的限制。圖 5 能讓學生按照兩個標準做排序。

速度 →

定期輪船				
				巨無霸客機
		自用車		
			摩托車	
	機踏車			

大小 ↑

圖 5　協調（例子——依大小和速度標繪交通工具位置）

活動

　　可能的話，要學生用鑽石分級的思考工具，將人們的工作以重要程度排序。排序時要根據不同標準創造不同的分類。

問題有許多類型和規模。單純的批判分析方法可能足以產生解決方案，但其他問題則要求有創意的想像，並且需要高度的情緒機智，以及超越框架和超越原貌的思考。同樣地，這又歸結到為適合的任務選擇適合的工具。

活動

　　透過下列基本的問題解決策略來引導學生：

1. 盡量明確界定問題。
2. 檢核問題是否可被分解成更小的部分，如果可以，就將問題排定優先順序以利全數解決。
3. 判別還需要發現哪些事實，以利達成解決方案。
4. 開始蒐集可以解決問題的思考工具和策略。
5. 以不同的方式檢視問題，包括「擲硬幣決定」。把問題視為機會和挑戰，而不是有障礙的、有限制的或令人挫折的事，因為觀點的改變可以產生奇蹟。更大規模地使用概念濾網，透過不同的觀點了解問題，例如「科學家如何看這個問題？」、「畢卡索如何看這個問題？」、「小熊維尼如何看這個問題？」等等。
6. 保持問題將會解決的意向，換言之，運用潛意識的處理歷程。
7. 如果還是沒有解決方案，進一步移動到隱喻和象徵的範疇之中。例如，如果這個問題是一面國旗，看起來會是什麼樣子？如果這個問題是一道食譜，要如何烹調？如果這個問題是一個人，我現在想怎麼和他對話（以及傾聽和回答）？

活動

　　將問題解決策略應用到點子 57 所列的舉例。

搜尋整個工具庫：必須解決的問題

以下是一份問題清單——不過你可以自由選擇想解決的問題。選擇一個以上問題，然後要學生應用來自點子 56 的一般策略。檢視你在本書中迄今獲知的思考工具，接著試驗這些工具以找出可能的解決方案。

1. 有一家五口人住在對他們而言太擁擠的房子裡，他們負擔不起另搬新家，因此家人都開始發脾氣了。

2. 加州多山的鄉下地區長期蒙受貧窮之苦，這些地區只有少數的自然資源和工業，大部分居民只能透過務農維持生計。

3. 有個你鑑定為大部分學科都資優的學生，拒絕在學校課業上充分發揮她的能力，因為她只想要成為「普通的小孩」。她的父母開始對你施壓，要你「開展她的未來」。

4. 你想要寫你的第一本書，但總是無法開始。

5. 學校目前有長期惡化的霸凌問題，但是 SMT 有意對這個問題保持低調。

6. 一顆大行星正朝向地球飛來，如果這個威脅無法避免掉，將會造成嚴重損害（我知道，你曾經聽過同樣的事）。

「區塊大小」是指概念、想法、問題等等的規模大小，就問題解決策略而言，它構成了很重要的一面。關於這一點，我要再次強調的是，各個「知識領域」或想法領域是由許多的「次主題」和成分特點所構成，而這些次主題和成分有助於定義及描述更大的知識領域。課程的學科領域是一個例子，生命則構成另一個例子——我們每個人都存在於時間和空間的領域之中。

整體思考技能係透過下列策略而探究各知識領域：

1. 分解（chunking down）。把較大的區塊分為較小的區塊——見林又見樹。
2. 結合（chunking up）。相反的過程。透過一次注意更多的樹木，而了解到整個樹林的情況（譯註：見樹又見林）。
3. 將區塊做不同的組合。有時問題或「動彈不得」情況的存在，只是因為我們以某種方式看待其次主題。
4. 從不同領域結合區塊。這是指真的做到超越框格。問題的解決常常可以透過從不同的知識領域蒐集洞見，以及將這些洞見帶回我們需要努力的領域。超越傳統可以成為達成解決方案的有效方法。

活動

從點子 57 選擇一個問題，然後和學生一起把問題分成更小的單位。例如，行星撞地球的問題一開始可以分解成兩個可能性：(1)我們如何阻止行星？以及(2)如果不能阻止，我們要如何應付？每個情況都可以再分解成更小的部分。

區塊化：如何吃下大象？一次一塊

按時間先後排序

我們的線性式（一次一個字）說話內容和書寫內容反映了線性順序的有意識思考，以及透露了我們需要在生活中創造秩序的需求。排序是整合的活動，因此這是用來結合許多其他策略以達成目的的基本思考工具。

在發展後設認知技能的過程中，最重要的能力是注意思考發生時產生的秩序。如果我們達成解決方案、形成意見、做出結論，那麼，我們應該自問：採取了哪些步驟以達到這個地步？

任何排序的活動都能使學生適應以下的概念：思考不是隨機的、思考不是碰巧發生的。思考的結果來自一系列的心智事件：過程以秩序為先決條件。然而，雖然許多的排序結果循著「開始—中間—結束」的基本模式，但它們可不是簡單的直線……

活動一

要學生找出排序如何使生活更便利的日常實例——例如地圖上的地點列表按照字母排序、以杜威十進分類法排列非小說類書籍。

活動二

觀察排序和分類如何聯結。要學生將動物、植物、金屬等，按照可以解釋的順序加以列表。

活動三

閱讀例如各篇使用指南、各篇食譜等資料，然後討論其中的步驟如何和為何能形成邏輯順序。

活動四

　　研究有邏輯的論據和科學的理論解釋，以了解細心的排序有助於澄清和說服。

IDEA
60

連結線、樹狀圖、循環圖、迷宮圖：按時間排序的一些策略

　　在發展學生排序技巧的歷程中，首先，為了學生的學習而蒐集簡單的線性排序，例如：數字排序、字母順序、各篇使用說明、故事的情節大綱、歷史事件的時間線等等。

　　其次，向學生介紹更精巧的排序：

1. 圖書館的杜威十進分類法是數字的順序，但是十進位數的應用使其複雜度增加。

2. 故事的情節以次要情節為特色，次要情節是指繞回一次以上，和主要情節發展平行的其他事件之順序。例如藉由選擇簡單的故事和童話故事，幫助學生熟悉次要情節的概念，然後創造你自己的次要情節來豐富故事。

3. 指出某些順序是循環的而非線性的，例如自然界中的水循環。要學生研究不同物質的循環，例如觀察季節變化、討論流行趨勢，以及探究「走完一個循環」（things coming full cycle）、「得所應得」（what goes around comes around）等其他概念。

4. 聚焦在決策樹以強調，在許多情況下，任一排序點都會有多重的結果，然後將這個想法和個人所做的決定聯結起來（見點子43）。

5. 在不同的情境脈絡下，向學生介紹或使學生發展流程圖的概念，例如：若「是」就走到「A」，若「不是」就走到「B」等等。研讀暢銷書《選擇你自己的旅程》（*Choose Your Own Adventure*）作為這類工具的高娛樂性實例。

類比的根源涉及相稱（proportion）、關係、相似（correspondence）。創造類比是一種以隱喻方式表達一種以上事物的方法，因此，類比對於將複雜的概念加以視覺化和澄清是有用的。

類比也許是勝過於批判思考技能的創意思考技能，但是它能夠為後續的分析和探究提供基礎。創造類比的策略如下：

1.聚焦在你想要做比較的概念之上。
2.選擇你將提出隱喻（或明喻）的領域。
3.在一個以上的相似特點上，選擇可以形成相似次主題的領域。
4.簡單表達比較：
　(1) A 和 B 類似，因為它們都……
　(2)或者，A 之於 B，就如同 C 之於 D。

活動

例如，假設我們要探究情感之間的關係，要求學生從「天氣」的領域選擇主題來形成類比。

1.愛就像夏天的陽光，因為這兩者都充滿溫暖和光明。
2.憤怒之於暴風雨，就像激怒之於短暫陣雨。

心智是蜘蛛網，因為⋯⋯隱喻和類比澄清想法

鼓勵學生以下列方式練習類比和隱喻：

1. 反覆建構可用類比表達的不同關係。
   (1)部分——整體。字詞之於段落，如同齒輪的齒之於⋯⋯
   (2)特定——一般。貓之於哺乳類，如同矛之於⋯⋯
   (3)原因——結果。閃光之於打雷，如同落雨之於⋯⋯
   (4)項目——特徵。水是濕的，就像石頭是⋯⋯

2. 了解類比有許多「答案」。
   (1)心智是蜘蛛網，因為⋯⋯
   (2)心智是火箭（rocketship），因為⋯⋯
   (3)心智是彩虹，因為⋯⋯
   (4)心智是森林，因為⋯⋯

3. 創造「與眾不同」的類比，以激勵對事物關係的新洞見，並且對事物產生有創意的躍進式理解。
   (1)達利（Salvador Dali）之於藝術，就像⋯⋯之於思考技能。
   (2)⋯⋯之於教育，就像陽光之於水果的生長。
   (3)棒球之於運動，就像⋯⋯之於⋯⋯
   (4)跳舞就好像解決問題，因為兩者都⋯⋯

界面有助於澄清探究的少數概念或少數事項之間的關係，以及進一步發展其關係。畫出一個分成四等分的方格，以中間的格線代表兩格之間的界面，然後將你所選的項目放在每個分格內。例如以下的例子。

土	空
火	水

你可以運用教室空間來呈現這個舉例，然後要求學生根據元素之間的界面——例如水、火之間或水、土之間，來描述某個風景及（或）做出反應，或者要學生討論什麼樣的人格特質可以用這四種元素表示。接著，結合兩種元素以創造更複雜的人格特質，並且要學生思考：「如果兩人相遇，每個人都有某種元素所代表的某種人格特質，他們要如何互動？」、「他們之間的對話聽起來如何？」（以及，哪些類型的思考讓你提出這樣的想法？）在化學課，把四種化學元素放在四個分格中，然後討論它們如何互相反應。在英文課，將四個字根放入方格中，然後創造一些新的字義。找出應用界面概念的方法，其本身就是創意思考的活動。

IDEA
63

界面：聯結的機制

許多發現：使選項開放

大部分的批判分析思考技能應用的是線性順序的思考方式，這類思考支配了心智的有意識部分（大腦新皮質的左半邊）。雖然這類思考歷程能創造邏輯順序，但它可能受限於只能產生一種順序，而且凸顯了學生的思考未能超越「正確答案」之危機。「超越現有條件」（going beyond the given）是很有用的創造力定義。能產生多元想法、鼓勵另類方式，以及引導學生超越框格以增加新洞見的任何策略，都能對最「左腦式」的思考增加額外的向度和力量。

「多結局」（many endings）是達到上述目標的簡單、多用途技術。每當某種思考技能產生一系列的線性式思考或聯結時，就應用「多結局」工具，然後看看結果如何。

活動

1. 在英文課：要學生提出標準的結局，例如「他們此後過著快樂的生活」，然後再提出其他的結局。要學生研讀某些故事，然後思考可能還有哪些其他的結局，而這些另類的結局令人滿意嗎？為什麼（不）令人滿意？

2. 在邏輯與哲學的學習單元：玩「因為」遊戲或「假設」遊戲（見點子 44）。

3. 在生物課：要學生觀察點子 37 的上下楷梯，然後問他們，在「哺乳類」之下想到哪些從屬的生物？

4. 在練習計劃的單元（見點子 52 的未來的規劃）：在每個計畫步驟中尋求替代的步驟。

5. 在練習推測的單元：「多結局」技術建立在做假設的概念上（見點子 49），並且繼續提出接著能被歸納特徵、被排列優先順序，以及被分析等等的可能事物。

「問問題」是一種涵蓋探究行動（見點子 13）之態度，並且能促進思考工具庫的工具有效結合。問問題是主動的、有系統的、整合的、能提供知識的，以及以歷程為根據的技術。我認為這項技術是驅動真實學習的引擎。在以下的舉例中，請透過要學生「學習」事實然後稍後回想這些事實，來對照我們可能認為是傳統的教學方法，以及問問題所產生的豐富想法和思考策略。

發問主題：巴黎是法國的首都

1. （問始發問）為什麼你認為巴黎是法國的首都？
2. 我們如何找出更多的事實來驗證你的想法？
3. 我們何時能知道已獲得足夠的資訊來下結論？
4. 一個地方成為首都的意義是什麼？
5. 你認為為什麼需要有首都？
6. 研究其他的首都。你認為某些首都更適合成為首都嗎？
7. 對於如何決定一個地方應該成為首都，我們現在還有哪些其他方法可以思考？
8. 假設我們決定以其他地方作為法國的首都，會怎麼樣？這個想法有什麼涵意？
9. 你還可以想到或發現「首都」這個詞的其他意義嗎？

從學生的想法歸納，他們對於世界如何運作所顯露的理解。

IDEA 66

外部專家：問問題的遊戲

問問題是我所稱「有品質的發問」之一部分。理想上有品質的發問應由學生提問；它是由求知及進而想得到知識的真實需求所驅動；它可作為一系列擴充思考的豐沃土壤；它也可以產生進一步發問及（或）導致能擴充理解範圍的新洞見。

「外部專家」是一套可對各年級學生進行的有趣遊戲。教師先向學生說明：有位某個領域的專家稍晚會來拜訪全班學生，他（她）的行程很滿，但是可以只停留五或十分鐘；以及，由於只有一點點時間可以發問，你們想問他（她）什麼問題？

要全班學生提出一份問題清單，然後根據上述的標準評量問題的品質，最後縮短名單並排列優先順序。

當然，這個專家是假冒的，雖然我知道有位教師經常玩這個遊戲，她經常請真正的專家到學校來。預期有個真正的專家可能在教室外等著，會增加這個活動的樂趣。

變化主題的方式是把問題放在網際網路的搜尋引擎上，或者選擇另一個班級的學生作「集體專家」，這些專家會做研究以找出答案。

這個有創意的發問遊戲可以調整到任何的複雜程度。教師先畫個表格來舉例，例如四乘四的表格。在表格上方外部寫下卡通人物、電影明星等等的名字，接著在表格的縱軸外部也寫下這些人物的名字，然後將這些名字交叉寫在格子內，並且發給每個學生或學習小組一張表格。

假設我們選的人物是維尼熊、灰姑娘、蜘蛛人、大野狼。舉個例子，表格中的維尼熊和蜘蛛人相互交叉，因此要求每個學生或各組學生從維尼熊和蜘蛛人各想出一個有品質的問題。接下來，學生要做完所有的人物及問題組合，直到每格方格都包括了兩個問題為止。這樣一來，每個表格就會有二十四道問題。最後，要學生根據有品質問題的標準，將這些問題列表並排出優先順序。

這項活動的進行，也可以用歷史人物、知名科學家、當代政治人物等等來取代卡通人物。

維尼熊會對蜘蛛人說什麼：問題和所在脈絡

IDEA 68

陰陽兩方的思考：照看解決方案的兩方面

這項策略與觀點遊戲、決策走道遊戲聯結（見點子 36）。陰陽的思考可以鼓勵學生觀察想法或情況的兩面，幫助學生了解事物通常都有正面和負面的部分，以及幫助他們了解，有時正面的力量會來自負面的力量，反之亦然。

向學生呈現著名的陰陽太極圖來介紹這項技術。此時可進行「幸運的、不幸的」遊戲，其例子可以是：「我在走路到學校時絆倒了，幸運地……」要學生列出幾個回應方式，例如：「我沒有傷到自己。」接著說：「但是不幸的……」然後徵集更多的想法，例如：「我弄丟了午餐費。」、「你弄丟了你的午餐費嗎？幸運的……」

透過要學生選擇一個主題來進行陰陽的思考，該主題可以是真實或虛構的人物、圖像、符號、概念、題目等等。

在一張大紙或白板上沿中間畫一條線，然後在線中間畫上或寫上這個主題，將紙的一半指定為「正面」，另一半指定為「負面」，要學生腦力激盪並將想出的想法分成兩個部分。

這項活動的基本型式是創造概覽的內容，其中一系列相反的概念可以（在相同的視野之內）一目了然。

POV 三角形技術將觀點（見點子 36）技術加以詳述和修正，並且採用了PIN技術：正面的、有趣的、負面的（Positive、Interesting、Negative）。

要學生將一張紙分為三等分，第一部分寫下「正面的」，第二部分寫下「負面的」，第三部分寫下「有趣的」（需和學生討論何謂「有趣的」——可能是中立的，這暗示其有可能成為正面的或負面的等等）。

在紙張上方寫下將被研究的物體或想法之主題，可以是像「福利」一樣的大範圍事物或者像「一包烤豆」一樣小的日常事物。現在，要學生腦力激盪正面的、負面的，以及有趣的想法，當學生以這種方式進行彈性思考時，其立即結果是他們理解到，每件事物比我們最初的理解有更大的可能性。

觀點三角形：帶入中立的觀察

調
整
想
法
：
避
免
極
端
的
思
考

幼童尤其會以極端方式來理解世界，例如認為每個人非高即矮、非瘦即胖、非好即壞。傾向這種的或其他的兩極分法能幫助幼童簡化環繞其四周的複雜世界，然後使其能更快速理解。有些童話故事鼓勵這類的思考：大野狼徹徹底底是壞人、樵夫是最後的英雄。但是長大之後，大多數人都了解到這些極端的想法在真實世界中很少存在，而且我們對人、對概念、對信念等等的看法是落在兩極線段的某處。

調整想法的技能——找出光譜兩端之間的中間立場，可以採用非常簡單的方式來發展。

在紙板上畫一條橫線，在線的一端寫上「我完全同意」，另一端寫上「我完全不同意」。選一則像「球芽甘藍菜很好吃」的簡單（卻傳統的）概念，然後要學生決定他們的意見會落在線段何處。事實上，許多學童會立即跳到某個極端的看法！此時，將這條線標註數字「1」到「6」，然後設定比較點，例如「和咳嗽糖漿（或檸檬等等）比起來，球芽甘藍菜很好吃」。如此一來，有些學生可能會調整他們原先的反應。

透過使用類似以下更深遠、更複雜的陳述：「富人應該比窮人繳更多的稅是正確的」，來發展學生調整想法的技術，以及找出中間立場的複雜思考能力。鼓勵學生將想法移動到線上不同的點，而這個想像上的跳動會如何影響學童的感覺、意見、論據？

POV三角形也可以用於小組的學習。根據某些研究者的看法，在一方面，我們的「思考性格」（thinking personality）使人人各自傾向成為有想法的人、有智識的人，或者以人為重的人。

有想法的人擅長發掘潛意識的資源，然後突然湧現許多想法，一開始，他們至少會有一點點如何應用想法的概念，或者曾考慮這些想法的成效；有智識的人偏好蒐集事實和建構計畫，他們認為周全的策略最重要；以人為重的人傾向聚焦在作用和後果，尤其在計畫對人（而非事物）的影響方面。

藉由對分組學生實施本書提到的其他活動，你可以確認哪些學生落入哪一類型。當你後來設定需要合作學習的任務時，宜確使各組都混合了有想法、有智識，以及以人為重的思考者。

活動

和學生討論這三種類型的思考者，以發現每個學生屬於哪一類型。並且向學生說明，我們本身都有能力發展其他兩類的思考能力。

團隊工作三角形：創意的、智識的、以人導向的

學習曲線

　　我們現在已經看過許多思考「工具」，這些工具能用於部分的資訊處理歷程——建構我們認為世界如何運作和個體如何適應其間的藍圖或地圖。這類地圖代表我們用以生存和發展的基本理解，而「理解」被定義為「在我的觀點之下的內容」——從個人的、文化的或身為人類的角度所形成的意義而建構之基礎，因此，思考工具遠勝過大量的知識。我可以「知道」巴黎是法國的首都，我可以知道數百萬件其他的事物，但是如何應用資料才是使知識產生力量的方式，當知識被應用時知識才是力量。

　　「學習曲線」的概念是有趣的隱喻，我懷疑這個隱喻在改變學生（或我們自己）對學習歷程的概念上，會有多大的變化？我自己最喜歡的表徵是「路」：我說的是「沿路而行直到熟練」。就技能而言，我們的路程始於知覺到能力不足的狀態，我們有意識地努力記憶、實踐每個學習歷程，但通常學習結果令人失望——我只要回想第一次上駕駛課的情況就知道這是事實！透過積極投入和固定練習，我們變得在意識上更有能力，但是潛意識上仍然能力不足。只有當技能可以自動表現，只有當我們在意識上能放鬆進入展現潛意識能力的「心流」（flow）狀態時，我們才會知道自己已達到高度的熟練。

活動

　　找機會和學生討論「學習」的概念，提到「學習曲線」並應用 PIN 技術（見點子 69），以及鼓勵學生提出其他的學習隱喻。

創意的離題有許多種，這些方法使我們超越慣性思考，進入可以獲得新技能及（或）鞏固已熟悉工具的嶄新領域。任何有創意的離題都可以「推開」阻礙，呈現將我們帶到安全地帶邊緣的挑戰，以及加速我們邁向熟練之路的前進速度。

　　對你的學生應用這些解決問題的策略，在每個情況下，首先要找出待解決的問題。

IDEA
73

有創意的離題：超越慣性思考

1. 選擇最喜歡的動物並建立聯結：類比、擬人化等等。
2. 或者選擇一個人物：從小說、你喜歡的知名人物或歷史人物來選擇，探討這個人物如何處理該問題？
3. 使用隱喻：如果這個問題是情感的問題，我要如何處理？如果這個問題是家庭問題，有哪些解決方案可用？
4. 澄清這個問題發生的領域：工作、個人生活、技術等等，選擇你有興趣的另一個領域（主題領域），如戲劇、嗜好、某些專業領域。研究在另一個領域的問題解決方法，然後將洞見和策略帶回你自己的難題上，並以新的觀點檢視。

有效能的思考同時應用到有意識的能力和潛意識的能力。有意識的思考是線性的、邏輯的、分析的；其議題是「攤在那裡的」（out in the open）、在當下覺察到的，以及經得起任意改變。潛意識的思考是整體的、多任務的、象徵的或隱喻的、非理性的（在意義上，我們可能無法追溯從一個想法跳到另一個想法的創意跳躍）；其議題是隱藏的。在正確的心智狀態下，我們明白潛意識思考的結果，但不一定在心智歷程中產生思考背後的洞見。

強化全心智思考的活動和技術應該受到鼓勵。

活動

這裡的特別舉例是，應用像「灰姑娘」的熟悉故事。要學生沿著故事情節標記重大事件：灰姑娘要去參加舞會、神仙教母出現、灰姑娘與白馬王子共舞等等。此時，在每個情節重點上畫一條偏離的線，並且標註另類的故事情節：灰姑娘在同一個晚上接到兩個派對的邀約、神仙教母沒有出現，以及灰姑娘不很喜歡白馬王子等等。

分枝法就是指一分為二。要學生畫一條線來代表「直截了當」的過程，然後在線上畫幾個大點，以標示在這些過程或這些點中可能有另外的選擇或路徑。在上述每個節點以某個角度加畫一條線出去，如此一來，每個分枝都創造了選擇替代項目或探索另一個可能性的機會。

每個替代選項都能導致進一步的後果，如果你探索這些情況，就能創造出更豐富的分枝結構，而該結構即是決策樹的模型。

思考技能教學法和學習法的關鍵特色，就是應用能使心智積極參與不同類型思考的任務和活動。思考被動（猜測正確答案）的學生或期望被動接受知識的學生，並未發展心智的力量。

上述區分的明顯實例為，應用圖解型資訊的方式。圖解被用於學校教育的許多學科，而學生也常常被要求編製圖解。編製圖解的任務往往相當容易，雖然其結果看起來令人印象深刻。從思考技能的術語而言，這類的圖解是無用的圖解，因為在編製過程中充其量只利用到少數的思考工具，而未負責圖解的其他學生也很少被要求詮釋圖解的意義或挑戰其內隱的結論。

有用的圖解則有利於對其結構及後續討論的思考。要學生分成兩人一組，對各組學生呈現聯結到所學主題、順序正確的十則陳述。鼓勵各組學生討論哪些參數可被選為縱軸和橫軸——十則陳述會提供線索。幫助學生決定，他們應該在圖解的何處做記號以標示出各則陳述。接著將圖解和十則陳述呈現給班上的其他學生，但這次把各則陳述的次序弄亂，然後要全班學生利用圖解決定各則陳述的順序。

例如以下是十則按時間先後排序的陳述，其主題是關於某個虛擬家庭的生活：

1. 一九五三年十二月，Ben Leech 出生於 Kenniston 市的市立總醫院。
2. 當 Ben 三歲的時候，他的父親 Steven Leech 失去長途卡車司機的工作。
3. Steven 的妻子 Eleanor 接受洗衣和縫衣的工作，以補貼 Steven 不夠開支的失業救濟金。
4. 她繼續做這份工作兩年，而全家都靠她賺的錢過活。
5. 一九五八年有家新的搬運公司在 Kenniston 市的郊區成立，Steven Leech 被雇用為貨運司機之一。

無用的和有用的圖解：鼓勵積極發問的圖解

6. 當 Ben 七歲時，他的妹妹 Katie 出生了。

7. 一九六一年初，Steven Leech 在接受訓練課程的六個月之後，在搬運公司獲得副理（junior manager）的工作。

8. 當 Katie 四歲時，她的妹妹 Lucy 出生了。

9. 一九六六年，Steven Leech 被拔擢到中階經理的職位。

10. 當 Ben 十二歲時，他的媽媽贏得一大筆樂透彩金，然後他們全家搬到西班牙，從此過著快樂的生活。

　　要學生想像一幅圖解，其橫軸標示從一九五三年開始，而縱軸標示一至六格以代表相對的富有程度。要學生利用十項陳述的資料，畫出 Leech 一家這幾年來財富起起落落的情況。現在，將十項陳述混雜排列，然後要學生藉由研究圖解將這些陳述按正確的時間先後排列。

任何概念圖都顯示某個領域內的主題（成分特點）之間的聯結和關係。幫助學童列出主題——例如故事中的事件、角色、重大事物——然後以關鍵詞句或簡圖來呈現每個主題。這些文字或圖解裁剪之後排列在一張大紙上，並預留相當的空間來畫聯結的網絡線。接著學童以簡要的說明註解每條聯結線。

例如，在太陽系的領域（主題領域）之內，其主題可能包括行星及其他特徵：太陽、月亮、行星、彗星等等，以及例如輻射、軌道、探險、拋物線軌道、天體的民間傳說等等。

IDEA 76

概念圖

三欄遊戲能促進水平思考，以及創意的躍進和實踐。

1. 做一個三欄表格的範本，每一欄有十一格。
2. 每一格標記為「2」至「12」。
3. 決定三個主題。這些主題不一定屬於相同的主題領域，例如家用器具、幻想、環境。
4. 從每個主題選擇十一個次主題，然後以關鍵字詞、片語或簡圖來呈現。例如家用器具的次主題可以包括吸塵器、電視機、開罐器等；幻想的次主題有巫術、魔杖、飛馬；環境的次主題有沙漠、水的循環、山等等。
5. 在個別的欄位中以提出的次主題填滿範本表格。
6. 要求學生一次擲兩個骰子以得到「2」到「12」之間的數字。
7. 以提出的次主題腦力激盪其間的聯結。

玩三欄遊戲可以產生一些驚人的原創想法，並且強調了「要有最佳想法，我們需要大量想法」的創意原理。

三欄遊戲：創意聯結遊戲

「假設」遊戲促進預測、推測、創意的實踐、哲學化、問題解決，以及提出開放的、發散的問題。雖然每道「假設」問題的前提可以是幻想的（例如，「假設每年所有的顏色未預警就更換了，會怎麼樣？」），但其接續的討論有可能聚焦在所提問題的實際解決方案。

當你問任何的假設問題時，附加三道附屬的問題：

1. 這個世界看起來可能像什麼？
2. 我們可能會有什麼問題？
3. 我們將如何解決這些問題？

對我很有用的某些「假設」情境包括：

1. 假設每天地心引力會意外消失十分鐘，會怎麼樣？
2. 假設從三十歲起人的身體會開始縮小，以致於到了七十五歲時人的身高只有一吋高，會怎麼樣？
3. 假設地球上某個非人類的物種進化到智能比人類高出十倍，會怎麼樣？
4. 假設每一洲的時間推移速率都不相同，會怎麼樣？
5. 假設一天裡願望實現的次數只有一次，會怎麼樣？

在假設問題提出之後，假設星圖提供了將討論加以聚焦的方法。選擇五個主題範圍，例如：學校、旅行、動物、購物、政治，在一張大紙上畫出有五個頂點的星星，然後將每個主題寫在各個頂點上，並在星體中間寫下假設問題，接著指示學生速記他們所問的問題及達成的解決方案。

虛構是「假設」遊戲的一個版本，其提出的情況更實際，雖然這裡必須強調：無論前提有多麼虛假，其支撐的思考技能及討論的主題和議題，都是一樣豐富、一樣合理的。以下是對我很有用的某些虛構假設：

1. 假設財富的分配很平均，以致於沒有人比別人更富有，而且無論做什麼工作，每個人得到的都是相同的標準薪資，會怎麼樣？
2. 假設學童在學校可以選擇他們想學的知識，會怎麼樣？
3. 假設（為了討論及決定的理由）每個丈夫必須有兩個太太，或者反之亦然，會怎麼樣？
4. 假設在法庭上，電腦的決定取代了人的判決，會怎麼樣？
5. 假設兒童未來追求的生涯在五歲時就決定了，會怎麼樣？

虛構假設：探究可能性的遊戲

這項活動利用了幾種思考技能，以利將提供資訊量較少的情境脈絡加以擴大。

1. 選擇一段摘錄的內容，也許是一頁的資訊量，然後將其放在大張紙的中央。

2. 和學生討論這些訊息的更深層結構。使用「已知知識」三角形、六星查核圖、分析找出假定和偏見等等，換言之，使「包裹」在摘錄中的資訊外顯，來創造最初的情境脈絡。

3. 探究可能先於所知摘錄內容的資訊。換言之，作者可能談到什麼而導致產生這份摘錄？應用推論和歸納，在邏輯上應該會逐漸促成這份摘錄的重點。

4. 作者可能如何繼續探討？使用分枝法、決策樹、「如果」遊戲等等來建構後續的、有邏輯的結果。

5. 在某些情況下，例如若以故事做摘錄，寫下「並行的摘錄」：如果摘錄的內容強調某個角色，則描述另一個被提及的角色之行動——這個角色被作者提到但未出現在摘錄中。在非小說的情況中，並行的摘錄可以採用相同的資訊，但針對較年幼的讀者而寫。

超越框架：結合思考技巧

　　有意識的思考，其運作發生在認知空間、需要時間來進行，以及呈現不同程度的細節。也就是說，我們明白這些有意識的想法，而這些想法一個接一個以線性的順序移動。有時，我們察覺到思考的火車奔駛而來，然後能夠反思這些想法如何聯結在一起；但有時，我們「有意識的注意點」似乎以不銜接甚至是隨機的方式，從這個想法跳躍到另一個想法。

　　例如「因為」遊戲、「如果」遊戲、「假設」遊戲、概念圖等等活動，能集中我們的注意力並且創造思考上的邏輯聯結。

　　「區塊大小」是瞬間接瞬間思考的另一個層面。思考的方式可能是廣泛概覽，或者注意小細節。試想一本你讀過的小說，你可以在一次的心智掃描之中（大區塊）瀏覽整個故事，或者只是輕揮想像力以回想生動的句子和影像（小區塊）。

　　「當……時」遊戲（While Game；關於該遊戲的更多介紹，見《創意思考教學的 100 個點子》之點子 76）讓學生能練習使用這項心智伸縮鏡的工具。另一項技術——區塊三角形（Chunking Triangle），則使這項活動更有系統。

　　畫一個倒三角形，三角形內以線條畫出幾個格子（如圖 6 所示的舉例），使三角形的上方和下方都有足夠的空間可以寫上代表主題、標題等等的幾個字詞。當一層層朝三角形底部（在本例中為上方部分）移動時，這個圖解能把大區塊有系統地細分成更小塊。而從左方到右方讀過來的區塊，則是該層次照先後順序排列的概念。

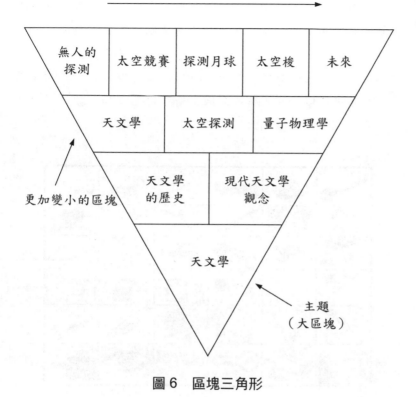

小區塊的概念按照邏輯順序排列 →

無人的探測　太空競賽　探測月球　太空梭　未來

天文學　太空探測　量子物理學

更加變小的區塊

天文學的歷史　現代天文學觀念

天文學

主題（大區塊）

圖6　區塊三角形

115

脈絡表格能匯集許多次主題，並且使這些次主題一目了然。例如，畫一個六乘六的表格，就會有三十六個有助於定義及描述某個知識主題或領域的次主題。圖7顯示了一堆家用物品，包括了少數（刻意）混淆的物品在內。這類視覺組體（visual organizer）的直接價值是，透過將所有的概念放在「相同的架構中」，學生可以一次了解這些概念可能是相關的。教師可以採用不同方式來使用這類表格：

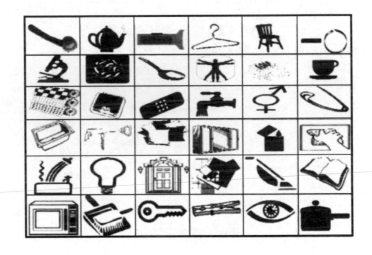

圖7　脈絡表格

1. 利用表格做對等組合的練習。先沿著水平軸移動，然後再順著垂直軸往上——亦即「沿著走廊上樓梯」。
2. 選擇兩三個項目，然後腦力激盪想出新的家用小物品。
3. 藉由使用更多的次主題以創造概念圖，來擴充這項活動。
4. 使用文字和圖畫來練習思考技能，例如歸因、比較、對比、排序等等。

5.利用骰子隨機選出兩項物品,請注意,我們的心智如何把這兩項較小的「區塊」放在一起以創造更大的概念。

(註:此表格組體的進一步使用,見《創意思考教學的 100 個點子》。)

Tony Buzan 使「心智繪圖」（mind mapping）的用語和技術廣為人知。心智繪圖的視覺網絡結構係模仿大腦的資訊編碼方式，並且強調四個要素：

1. 不同類別的資訊分配到視覺區域的不同部分。因此，以「照顧寵物」的主題為例，關於選擇寵物的概念可能被放到紙張的上方，關於為寵物購物的概念可能放在紙張的左方，關於照顧你的寵物可能被放到紙張的下方等等。
2. 這些不同類別的資訊用不同的顏色區別，以便於參考。
3. 用關鍵字詞做類別的標題，例如「寵物——選擇、找尋、照顧」等等。
4. 然後在各類資訊之間做有創意、有邏輯的聯結，以豐富圖中的關係網絡，並有助於創造整體概觀。

活動

1. 從脈絡表格中選出幾個次主題（見點子 82），以練習 Buzan 風格的心智繪圖。
2. 從脈絡表格中選出幾個次主題，然後鼓勵學生以不同的「區塊大小」程度將這些次主題聯結在一起。例如將所有的次主題都歸類在盎格魯撒克遜人（Anglo-Saxons）的主題之下——這是很大的區塊概念。而較小的區塊可以是家庭、軍隊、農業、裝飾等等，可以使用范恩圖將這些概念做視覺上的配置。
3. 畫一個圓圈，並將脈絡表格中的幾個次主題放入圓圈之中。接著對全班學生說：「這些都是可歸類為盎格魯撒克遜人（戰士、農夫等等）心中想法的概念。為什麼他們會思考這些事情，以及他們為什麼會這樣想？」這項活動鼓勵創意的聯結和詮釋。可加上幾張「鬼牌」（wild cards）——其他領域的次主題——以使這項遊戲更有趣味。

「主題」（theme）這個詞來自希臘文，其意義是「記下來的某件事；配置或設定」。主題是當我們建構所理解的內容時，首先放置以「建構大樓架構的大區塊」。但是不像大樓一樣，主題並非固定不動的事物。當我們將一天又一天的經驗建構成對世界的整個印象時，主題的作用就像是有力的暗流。

在主題的基本層次所做的思考，能把構成生活的許多不同元素有效地結合在一起並且形成意義。

主題會直接進入我們認為自己是誰的意識，會直接進入我們的自我認同，以及會進入我們關於生活的態度和根本信念。我們（有意或無意）依賴的主題會限制或解放我們，而反思這些主題則讓我們更從容不迫地和這些主題合作。主題常常以隱喻或以我們所用的通則出現，例如，我直到成年期才明白，我的小說中一直出現的主題，對我的一般生活也很重要：

1. 踏出線外
2. 禁忌領域的想法
3. 宇宙中的隨機或設計
4. 行動與後果
5. 轉化、引導的或未引導的、控制與偶然事件

如果我們贊同思考技能的學習方法，那麼我們的目標之一必然是在這個層次上給予學童思考的能力，以及使學童對架構其生活的主題產生影響力量。

活動

1. 討論：我感興趣的主題如何與學生的生活有某些相關？
2. 腦力激盪找出將這些主題用於不同體裁故事的想法。
3. 探究這些主題和其他主題可以如何應用到不同的學科領域：
   科學、歷史、地理、故事和詩詞等等。

4.當學生變得更熟悉主題的概念時，鼓勵他們找出對其個人很
　重要的其他主題。

截至目前，我們在本書中已經討論過次主題若干次。次主題是有助於定義及描述較大領域的成分要點。在某個意義上，它們是個別的拼圖塊，結合起來可將拼圖變成完整的圖畫。

活動

1. 選一個主題或學科領域，然後鼓勵學生列出其次主題。這些次主題大部分會等同於「該學科的詞彙」。使用這些次主題創作一幅概念圖（見點子 76），要學生將次主題加以聯結，然後在聯結線上註記以說明概念之間的關係，以及（或者）強調尚覺得疑惑的領域。

2. 創作一個像點子 82 的視覺組體，這個組體填滿由你的教學主題或學科領域選出的次主題。擲骰子隨機選出幾對類目，然後鼓勵學生指出這些類目之間的聯結方式。

在我看來，最有效的思考是能將次主題和主題結合成有意義的整體，以使事物維持分離。將主題和次主題分開的課堂練習，其內容是部分的、片斷的、劃分的，而且和思考技能教學法的特質背道而馳。

因此，有效使用這本書，意謂著創造策略——選擇任務和活動，而這些策略能將不同的思考工具聚集在一起，以利小概念可以結合成為更概括的理解。哲學家德海德曾指出：「我們泛泛地思考，卻在細節中過活。」（we think in generalities but we live in detail）對我而言，教學生思考的最大價值是，提供聯結大與小、主題與次主題的方式，以創造各個層次的意義。

次主題：用以描述和界定的細節

IDEA 86

鮮明的特徵：製造有力的印象

「鮮明的特徵」（vivid particularities）是指能創造有力印象的經驗細節。鮮明的特徵能傳遞強烈的情緒影響力，而且常常包括了驚人的隱喻，或者可以呈現原創的或創意不凡的聯結。它們好像是一些沙粒，而我們的想法圍繞這些沙粒構成更大的意義。由於這些理由，鮮明的特徵代表了一種有效的教學技術。

請養成注意所教學科領域的特殊事物和驚人事物之習慣。鼓勵學生從其自身經驗揀選鮮明的細節，並將這些細節增加到教學的環境中。在知識的領域之中，利用這些細節將聯結到主題與次主題的學習經驗加以定錨。

1. 我的 A 級生物教師有一回提到，當海水退潮後看起來像「半吸乾的酒膠」時，海葵會撞上礁石。
2. 科學預言家 Carl Sagan 以下列說法支持核子武器裁減和強調地球的脆弱：如果所有的核子武器（在一九八〇年代初期）同時發射，那麼核子爆炸將會摧毀地球表面，其速度為「只花一分鐘時間，一下子就消滅了長夏晴天午後的所有時光。」
3. 太空人 Tycho Brahe 在一次鬥劍事件中失去了他的鼻子，他後來用金製的假鼻來取代。
4. D. H. 勞倫斯在《兒子與情人》一書的最後一幕，將 Paul Morel 這個角色描寫為「肌膚上突起的一個小污點，比落在田中的麥穗還小。」

活動

要學生回想他們生活中令人驚奇的時刻，當適當時，要他們和班上同學分享該經驗。從你自己有強烈印象的學校生活，對學生敘述學習的經驗。詢問學生，他們真正明白記得的各段資訊，以及為什麼這些事情仍然在記憶裡徘徊。

整體應用

良好學習習慣的建立，係透過固定練習而將「什麼」、「如何」、「為什麼」等聯結在一起；這些習慣由好奇心從內在驅動；以及從至少下列兩項不必直接具備的假定得到鼓勵：

1. 學生已經具備心智工具庫中的所有工具。
2. 期望決定結果。

學校課程早就根據其內容為學生設定好該學習「什麼」，但是僅僅「知道事實」並不等同於理解。的確，有個諷刺卻深刻的講法指出「只強調記憶會扼殺理解」。如果要教事實，那麼就思考技能教學法而言，教師最好考慮以「如何」和「為什麼」來表達這些事實。

有效的教學會展現真誠的和真實的特質。真誠的意義是具備你想要學生具有的態度：表現對世界的好奇心、注意、發問，以及選擇能持續獲得知識的思考類型。

「真實」在教學上的意義是：

1. 設定會被學生認為和真實世界相關的學習任務——在關鍵概念和原理的背景之下（Howard Gardner 稱為「自然者智能」的知識領域和理解）。
2. 在概念被重視的環境之下，允許學生承擔他們自己的思考責任。這可以提高自信和自尊（指我們如何評估自己）。
3. 藉由師生彼此同意設定高標準，來建立真實的成就感。

活動

檢討你最近為學生設定或想要設定的某些學習任務，根據上述的真實性標準來評估這些任務。隨後，要求學生進行類似的檢討，如果某些任務在「真實性評量」上出現低分，可以如何提高其分數？

用以理解事物的「交通號誌」隱喻是大家熟知的：

1. 紅色——我不了解，我需要幫助。
2. 琥珀色（譯註：或黃色）——我認為我了解，並且已試著使
   用這個概念、這個過程等等。
3. 綠色——我了解這個概念，也認為我應用得很成功。

這項技術可以透過增加更多的步驟來進行：

1. 我不了解這個概念（技術），我也尚未應用過。
2. 我認為我了解這個概念，也曾試著應用它。
3. 我的確了解這個概念，也可以向其他人說明這個概念。
4. 我可以（會）把這個概念用在這個學科的其他領域。
5. 我知道如何將這個概念用在學校教育的其他學科上。
6. 我知道如何將這個概念用在自己生活的其他領域上。

活動

與你的學生協力合作提出一份任務、概念、技術等等的清
單，這份清單構成學生最近所學的部分課程內容，向學生介紹
一至六分的理解量表，然後要學生開始以量表來檢核清單。最
後，使用點子 89 所說明的「概念圓形圖」來進行複習。

一至六分的理解量表

概念圓形圖：評量理解力

　　使用「概念圓形圖」來發展一份一至六分的理解量表，並且加以應用。畫一個圓形圖，並將其分為幾「片」，每一片代表一個概念、一種技術、一種過程或學習的成分。例如，在複查學生的作文時，你可能會加上下列要素的眉批：標點、拼字、簡潔、探究、偏見、邏輯結構。將這些要素寫在圓形圖上，然後指示學生根據他們在這六個方面的表現優良程度，在每片圓餅上做標示。標示方式為使用「1」至「6」分的理解量表，「1」寫在圓心而「6」寫在圓周上。

　　對你而言，使用同一套圓形圖格式來評論相同的學生作品是有趣的。比較評論的結果，然後問自己：「在這篇作品中，我注意到哪些導致我做出這些結論的線索？」

　　當評論學生作品時，如果適當就修訂概念圓形圖，然後鼓勵學生回答這兩個重要問題：

1. 在這個作品中，我需要做哪些改變，以利得分更靠近圓形圖的圓周？

2. 我從創作這篇作品學到些什麼，而這些學習結果會使我的下一篇作品更好嗎？

一九五〇年代，布魯敏（Benjamin Bloom）曾經詳細闡述他所稱的「思考的分類」，這套系統的思考層次分類，其範圍從保留某些知識但有少量理解的簡單思考，涵蓋到綜合大量資訊以產生更多理解的高度複雜思考歷程。

有些布魯敏理論的批評者指出，相信思考以階梯方式從簡單進展到複雜，或者，以同樣的邏輯，認為幼童或「能力較少」的學生無法完成像評鑑、分析、綜合等更複雜的思考，是錯誤的看法。我想補充的是，傳統上，思考的學習聚焦在有意識的歷程，而且省略或低估了潛意識的能力。再者，理解的產生可以像一系列的幻想（見點子 9），而這些幻想是潛意識的資訊處理結果。布魯敏的分類似乎未包括這類很重要的潛意識綜合歷程。

雖然如此，布魯敏的想法構成了評量學生思考複雜度的有用工具，基本上，其層次包括了：

1. 記憶：回想事實和概念。
2. 理解：概念的基本理解和以其他用詞表達理解的能力。
3. 應用：在不同的情境中使用知識或技能。
4. 分析：理解知識和概念的結構——從事物的關係看出更整體的情況。
5. 評鑑：使用評鑑標準進行評量的能力——使用標準和推理來支持判斷。
6. 創造：創造新的或原創的概念。

（譯註：原書將「記憶」列為「知識」，將「創造」列為「綜合」，譯者更正之。上述六個層次應屬二〇〇一年修訂的分類系統，與布魯敏原來提出的分類略有差異。）

布魯敏的思考層次：低階的思考和較高階的思考

活動

　　對學生應用納入布魯畝分類法的各種概念圓形圖（見點子89），鼓勵學生討論他們的興趣、嗜好等等，然後幫助學生注意帶進其討論主題的任何更高階思考。

對「較低階」的思考和「較高階」的思考做價值判斷很容易，尤其如果我們被動接受公認的智慧卻未能質疑其（或我們自己）對這些想法的固有詮釋。思考永遠是複雜的，而我自己發展的思考技能方法則出自於下列謹記在心的原則：

1. 挑戰隱喻。如果我了解我所詮釋的思考階層就像梯子一般，我就可以透過改變隱喻來改變我的觀點，以利思考變成滿滿的工具庫、變成所有地點都聯結在一起的地圖，以及變成產生魔法的巫術城堡——完成適合我的目的之任何事物都可以。
2. 理解的本質。我們已經談過 Kieran Egan 教授的想法：兒童隨著成長發展會以不同的方式理解外在世界。而幼童會將外在世界「神秘化」，如果幼童解釋太陽每天從東方升起，是因為上帝像踢足球一樣把太陽踢過整個天空，然後花整一個晚上尋找太陽。那麼，與其堅持這個講法錯誤並更正孩子，我會認可這是一個奇妙的、原創的「天真理論」，然後讚揚學生的表現。
3. 原創的等級。思考技能教學法為學童創造了「重新發現複雜情況」（rediscover the wheel）的機會，某個孩子可能會提出對我而言是老套的想法，但對這個孩子則是原創的想法。這就是重點所在，透過鼓勵個別的原創力，我一直在協助提供土壤，以使對世界是原創的概念能夠發芽。
4. 兒童喜愛思考。思考是很自然的人類活動。當兒童覺得安全並且知道他們的想法受到重視時，他們會變得更自我激勵和要求更大的挑戰。

活動

與學生一起檢討你曾經用於教學的一系列學習任務和技術，並以上列的考慮因素來評量這些任務和技術。

IDEA

92

有效學習的敘事技術

　　我們記憶故事的能力全都比記憶概念清單的能力好，這是因為故事是複雜的概念網絡聯結，而此網絡是由深植大腦的、穩固的、長期的結構所構成。

　　傳統的教學法遵循「目標—內容—教學—評量」的模式，而另一類整合了思考技能議題的教學模式則把知識當作故事來探究。這類方法被稱為「動態敘事」模式（narrative dynamic model），其包括的要素有下列：

1. 引導、複雜化、解決
   (1)在探究的領域內引導學生，將知識與學習聯結起來以建立整體概覽，亦即設定背景。
   (2)提出問題。學生是故事中的「英雄」，他們進行思考之旅以解決問題，亦即學生被要求使用不同的思考技能來達到更高層級的理解。
   (3)藉由克服障礙、了解僵局，以及從新方向開始，學生最後將會解決問題，而這樣就證明學生進行了學習。對我們教師而言，這是一種解決方式。我們知道已經發現了答案，但是學習的核心是為自己發現整個情況的學生。
2. 使知識人性化。探究在知識背後的人，這些人是我們要學生學習的對象。透過要學生將知識與其個人生活聯結，來建立知識與學生的關聯。
3. 在傳達知識時使用敘事的技術——例如緊張、驚奇、懸疑、幽默，以及感動的語言。
4. 透過教學使事物的鮮明特徵更加明顯。

活動

　　向你的學生說明動態敘事模式是什麼，並且指出我們可以像理解故事一樣來理解某件事。我們可以設定場景，可以展開

130

一段學習之旅以理解到更多——涉及任務、挑戰、問題的學習。我們著手進行的方式導致解答或解決方案的產生，而從其中我們可以知道自己已經學會了。宜刻意運用這套學習模式來設計學生的學習活動，其間一系列的思考技能會導致產生問題的解決方案。

【來源：K. Egan 著，《教學就如說故事》（*Teaching as Story Telling*），University of Chicago Press 出版社，1989 年。M. Tilling 著，《學習的探險》（*Adventures in Learning*），Network Educational Press 出版社，2001 年。】

我再次重述，在恰當的環境中，學童會自己主動思考。學童喜愛思考、喜愛探究發現、喜愛解釋事物。以下是一些幫助學童思考歷程的具體策略：

1. 提供學童包含蓄意有錯的資訊之註解、圖畫、故事、短文等等，然後要求學生指出這些錯誤。

2. 將主題的標題、故事標題等等刻意空白，然後要求學生在你探討過這個主題之後指出適合的標題。

3. 提供學生比其所需更多的資料、設備、資訊等等，要求他們淘汰不需要的，然後將保留下來的排列優先順序。

4. 有時做出超越傳統的事情。要學生以不同方式呈現其學習。例如，將知識嵌入故事中；以戲劇和角色扮演方式陳述實驗；以信件、日記、購物清單等等方式描寫人物。

5. 在講故事、做實驗、說明主題的中途停下來，然後問學生接下來會發生什麼事。

6. 列出及讚揚學生的良好思考行為。

對你的學生建議，當他們需要寫作業時，「把作業寫在右邊那一頁，把左邊那一頁留白以寫註解。」左頁可被用來記錄準備的工作、寫草稿、由自己或同學寫預閱的評語、記錄寫作過程中的回饋和評論，以及寫下對完稿的評論——包括採用一至六分的理解量表。

上述點子的變化是「空行撰寫」，在學生寫作業的過程中，鼓勵他們寫一行就空下幾行再寫下一行，另外，這種方式就能做到專題寫作的逐字評論。

上述兩種方法都可以產出更有價值的教育紀錄，這些紀錄不僅顯示了完成的作品，也顯示了創作過程中的某些半成品。

註解式筆記：概覽的技術

如前述，我們在複習時有兩個基礎的問題需要提出：

1. 我必須做什麼改變，以使這項作品成為今天我有能力做出的最好作品？
2. 藉由撰寫這個專題，我學到什麼可以使下一個作品更好的經驗？

列在「對、錯、挑戰對錯」篇（見點子 30）的問題，也可以和下列任務一起應用：

活動

提供學生所需的引導，要他們選擇：

1. 來自教科書上的摘要。
2. 他們自己最近的作品一篇以上。
3. 其他學生的作品（當然得先得到准許），然後執行以下策略：
   (1) 重寫你不喜歡的任何句子或段落。正確判別為什麼你認為自己不滿意這些句子或段落。
   (2) 從每個段落提出主概念，然後舉出一個以上的理由說明該概念為什麼重要。
   (3) 如果該作品是在辯論一個案例，採取不同的觀點立場然後記錄相反的論據。
   (4) 察覺你對這個作品曾有過的任何正面情緒或負面情緒反應，然後確定是哪些因素引起這些反應。
   (5) 如果你不同意作品中的陳述，列出不同意的理由。如果你同意這些陳述，你能找出作者已陳述之外的其他理由嗎？
   (6) 列出任何從這個作品產生的進一步疑問。
   (7) 記下任何與作品中發現的概念聯結之個人經驗。

學生理解能力的另一種評量標準是，從其作品中所發現的因襲程度。因襲的慣例是一套框架，在此框架中專題作品被賦予結構。體裁的慣例是指，傳統上學科的主題（或詞彙）所使用和所結合的方式。格式的慣例則指出作品結果的樣貌。

「正確答案」傾向於是慣例取向，其本身沒有什麼問題，只是我們在能夠開始提問及更進一步之前，需要熟練規則。回答理解的問題和撰寫實驗觀察結果，所遵循的是一套邏輯思考和清明思考的模式。就大範圍而言，有抱負的作家、音樂家、藝術家等等往往模仿他們心中的創意大師。有時他們從未超越過大師，只能保持力道較弱的模仿者身分，抄襲更有力、更原創的想法。偶爾，在發展藝術家個人獨特風格的過程中，模仿階段只是個必要的階段。

當因襲慣例是為了實際目的時，它是有用的。但當它限制思考和創造力時，就會變成另一種「範疇硬化」。慣例運用的最重要概念是意圖和影響。

我在寫作時，會考慮一個以上的意圖，我有意使讀者了解我要說的內容，我有意創造能產生說明和了解的機會。當然在小說中，我會有意激起許多情緒的反應。也許我們可以大力主張，最有力量的藝術——當然是指最有力的任何溝通型式，產生於對接受者的影響符合溝通者的意圖。

當教師倡導思考技能的學習方法時，我們應該從學生的作品尋找體裁的慣例和格式的慣例，但適當時，也鼓勵及重視學生「超越條件限制」的作品。

活動

從小說或教科書選出一篇摘錄的內容，或者選出一首詩、一篇報紙的新聞報導、由某個畫派選出的一幅畫、一首爵士樂等等，然後要學生說明，他們如何知道這是爵士樂、這是教科

書上的幾頁內容等等。換言之，要學生分析使檢視的作品有其特色的某些體裁成分（類別）和格式成分（類別）。

活動二

接下來，要學生研究非傳統的或被視為非傳統的音樂、寫作、科學理論等等。選擇天才之作和「搞怪」之作，以鼓勵學生思考人們如何決定其分際。

作家暨教育家 Guy Claxton 偏好談「傾向」（dispositions）而不談「技能」，因為他認為技能這個詞有點冷、有點機械化。技能被定義為「包含在行動中的想法」，因此技能是思考的結果，而這些思考根植於我們必須如此表現的傾向。所以這類傾向是廣泛的、模糊的，以及源自我們自己的程度很深。

以下所列的七種傾向，摘要了從有效能的思考者身上所發現的態度。當我遇到幾個有這些類似態度的人時，我會提醒自己 Somerset Maugham 曾說過的話：「有效能的寫作有三條黃金定律，但是沒人知道那是什麼。」這是很合理的建議，首先，由於有效的策略和有效能的作家一樣多，限定黃金定律的數量會使想法的多寡不超出這個數量。因此，把下列的清單當作是發生時間不定的事情，可以自由增減。

有效能的思考者：

1. 愛冒險、好玩索、有好奇心；
2. 喜歡質疑、探索、詢問；
3. 積極建構解釋（在現在的理解層次上）；
4. 訂計畫、提出策略，以及做好改變的準備；
5. 精確的、有組織的、徹底的，即使發現思考的創意面可能會「很雜亂」——非線性的、不合理的、隱喻的；
6. 重視概念，並且尋求理由、評估理由；
7. 反省的、後設認知的。

活動

要學生根據上述清單，先反省他們自己的態度和學習行為，然後和學生一起討論，學習任務能如何鼓勵進一步發展這些傾向。

IDEA 98

無拘束的學習

　　有效的學習傾向可被培養而成，而思考技能可以透過創造恰當的環境而改進，教學環境的關鍵要素是教師及教師所展現的態度。當你成功達到教學目標時，你可能會注意到學生行為的正面改變。

1. 學生會變得更有自信、變得較不自我防禦，以及變得較少傾向於想要抓住正確答案。
2. 學習傾向反映的有效思考將會更明顯。
3. 學生在進行學習任務和活動時，會變得更能自我激勵，在達成目標方面會變得更自我導向。
4. 學生的用語會改變，會明顯變得更像發問的用語。學生的發問會更多，會問更多研究的問題。
5. 學生的觀念會更開放，他們會合理辯護自己的意見和觀點，卻絲毫不必付出任何代價，因為他人的觀點會受到尊重。
6. 學生會更有能力將他們的思考方式應用到手邊的任務，並且了解何時要記錄潛意識的洞見、何時要更有意識地應用理性。
7. 在你建立的教學環境中表現優異的學生，會體驗到挑戰、喜好思考、讚揚自己和他人的成就，以及達到更高層次的成就。

我是作家,我的工作是寫書然後把書稿交給出版商。如果書稿很快就被冷漠地拒絕了,我雖然沒有達成書稿被接受、被出版的目的,可是我的成就一向就是坐下來寫書。

如果我是奧林匹克的短跑選手,我曾參加過奧林匹克運動會並得到第四名。我的成就雖然並未使我得到獎牌,可是我的成就一向就是投入幾年的奉獻、努力、適應力。

我是一位教師。我班上有位學生在畢業時大多數科目成績都很低,這位學生告訴我說:「我真的很喜歡在你的班上,你把我當作人來看待,我想要被訓練成老師。」在這個例子中,我的成就是無法計算的。

以上是基於個人的經驗而言(除了奧林匹克短跑選手的例子以外)。這些例子說明了目標達成和成就之間的重大差異。我們活在重視程度和目標的教育世界中:忽視只可能導致目標小小達成的成就,是很容易發生的,但是如果我們要培養學生有效學習的傾向,所有的成就都應該被重視。

活動

要學生畫一個三角形,並標示出「高峰」(peak),而這個三角形是目標(或成就)達成的範本。就某個作品,在頂點寫下獲得的分數、評等等等,然後利用三角形的其他空間列出學生的成就,再針對這些加以評量和評鑑。

在學生熟悉這項策略之後,鼓勵他們列出在達成目標之後的成就。

「從混亂中發現質樸，從紛爭中發現和諧，從困難中間發現機會。」——愛因斯坦

「我們學習所做之事。」——麥克魯漢

「理性必須有適當的情緒基礎，以利教育能實踐其功能。」——柏拉圖

「當心智如航海般不知所措時，新的字詞就是船筏。」——歌德

「現實的內涵主要是對規則的期望，而智識之士會將這些規則簡化成規範。」——容格

「當某人指向月亮時，愚者會看著手指頭而智者會看著月亮。」——中國古諺

「有燈在手，無懼黑暗。」——西方古諺

「所有事物都相聯結，你不可能撥動一朵花而不麻煩到天上的星星。」——湯姆生（Francis Thompson；譯註：英國詩人）

「放棄一個學生不顧，就是未善盡教師的職責。」——尼采

「我們努力不輸也不贏，只是讓事物維持活力而已。」——艾略特（T. S. Eliot；譯註：英國詩人）

國家圖書館出版品預行編目資料

思考技能教學的 100 個點子／Stephen Bowkett 著；賴麗珍譯.
--初版.--臺北市：心理, 2007（民 96）
面； 公分.--（資優教育系列；62027）
譯自：100 ideas for teaching thinking skills

ISBN 978-986-191-037-6（平裝）

1.思考─教學法 2.創意

176.4033
96012366

資優教育系列 62027

思考技能教學的 100 個點子

作　　者：Stephen Bowkett
譯　　者：賴麗珍
執行編輯：高碧嶸
總　編　輯：林敬堯
發　行　人：洪有義
出　版　者：心理出版社股份有限公司
地　　址：台北市大安區和平東路一段 180 號 7 樓
電　　話：(02) 23671490
傳　　真：(02) 23671457
郵撥帳號：19293172　心理出版社股份有限公司
網　　址：http://www.psy.com.tw
電子信箱：psychoco@ms15.hinet.net
駐美代表：Lisa Wu（Tel：973 546-5845）
排　版　者：臻圓打字印刷有限公司
印　刷　者：翔盛印刷有限公司
初版一刷：2007 年 9 月
初版二刷：2010 年 1 月
I S B N：978-986-191-037-6
定　　價：新台幣 180 元